憂国の士・中野正剛

濱地政右衛門

海鳥社

雲を喚び風を起こすの豪傑、世を径し民を済うの仁人、
今何処にか潜める。

理想低き者は権威や名声に臣従して栄達に狂奔する。

情実に超然として、権勢金力に掣肘されず、
自己の所信を天下に高唱する無名の士、
蹶起して無為の政治家を鞭撻し、以て天下の惰気を一掃せよ。

(『八面峰』ほかより)

憂国の士・中野正剛◉目次

文武両道の志（明治十九―四十二年）……9

花開く万丈の気（明治四十二―大正八年）……35

文武両道の志（明治十九－四十二年）

師・柴田文城との出会い

中野正剛の幼名は甚太郎といい、明治十九（一八八六）年二月十二日、福岡市西湊町五十八番地（現・中央区荒戸一丁目）で、父泰次郎二十八歳、母トラ（実家は旧・糸島郡元岡村の醤油醸造業）二十歳の時、長男として生まれた。江戸時代、家は黒田藩の御船方（船頭方）として禄高も低い士族で、明治になっては質屋を営んでいた。

父は甚太郎が三歳の時に分家して、福岡市西町四十六番地（現・中央区今川二丁目七番六十号、鳥飼八幡宮東南）で同じく質屋を営んだ。甚太郎は六人兄弟姉妹で、負けず嫌いで喧嘩や生傷が絶えず、近所では有名な「悪《わる》そう息子」で通っていた。それは魚釣りや碁に熱中する父の安易な生活への反発と、そうした父に対する母の不満と、勝ち気で負けず嫌いな母の性分を反映していたのであろうといわれている。

学校に上げれば腕白も少しはよくなろうかと、一年早く西町小学校（尋常小学科・四年制、今の当仁《とうにん》小学校）に入れられた。入学しても甚太郎は居眠りばかりして、休み時間になると暴れまわり、いたずらが絶えず困り者であった。福岡県尋常師範学校付属高等小学校（高等科・四年制、進学率は一六％）に進んだが、腕白は絶えず、勉強もせず、先生も親も困り果てて手を焼いていた。

そんな甚太郎に一大転機が訪れたのは、訓導柴田文城に出会ってからのことである。柴田は

『中野正剛君の思い出』（口述）の中で、「私が中野君を教育したのは、高等科三年と四年でしたが（当時の）付属小学校は、官吏の息子、軍人の将校の子供が多く、そうでない普通の人の子供はそういう人たちの待遇よりもどれだけか悪かった。また悪いように子供は感じておったと思われるので、中野君はそれに向って非常な反抗心をもっておった」と話している。

冬休みのある日、柴田は受け持ちの児童六、七人をつれて宝満山（阿夫羅山との説もある）に登った。太宰府天満宮に参り、宝満下宮を過ぎて登山路に入った。

麓の雑木林を登る時、甚太郎が言った。

「先生、こんな林は伐り払わねば眺望の妨げですね」

柴田は「そうかね」とだけ言って、さらに山道を登って行った。少年たちは初めての登山に大喜びで、はしゃぎながら先を争って登った。先頭に立って山の中腹の岩山に踊り上がった甚太郎が、「先生、早くおいでください。とても景色がよいです」と言った。

柴田は他の少年たちと一緒に岩山に上り、周囲を一望しながら、「これはほんとにいい眺めじゃ……、ところで中野君、君が伐り払いたいと言っていた林はあそこだが、やはり伐り払うかね」と尋ねた。

甚太郎は首をひねりながら、「ここから眺めると景色の一部分で、あった方が……」と、口ごもりながら答えた。柴田はすかさず、「中野君、それが大切なことだ。人間は自分が小であると、周囲のものが邪魔になる。芝居見物に行っても、相撲を見に行っても、人が自分の前に立ちふさがると困るものだ。しかし一段と高い台に上がると、前の人が邪魔にならず、かえって一人で見るよりもよいものだ。要は一段と高く上がることだ、偉くなることだ」と言って、王之渙《おうしかん》の「登鸛鵲楼《かんじゃくろうにのぼる》」の詩について話した。

白日依山尽《はくじつやまによりてつき》　黄河入海流《こうがうみにいりてながる》
欲窮千里目《せんりのめをきわめんとほっし》　更上一層楼《さらにのぼるいっそうのろう》

これは悠々として流れる黄河一帯の大自然を表現した名詩で、一階よりも二階、二階よりも三階に上がって見渡すと、さらにすばらしい景色が望まれるという意味である。柴田はこれを人の修養にたとえた。

「偉い人物になるためには人よりも一段と高くなることだ、人一倍勉強せよ、お前たちは国家有為の人物になるんだ……。何事も窮《きわ》めるところに通じる道が開ける。千里の目を窮めんと欲し、更に一層の楼に上る、とはこのことである。頂上まで行くのだ」。そう言って努力精進が必要なことを諄々《じゅんじゅん》と説いて聞かせた。

感激した甚太郎はポケットから小さいノートを取り出し、その詩を書き記した。

「よし、それでは先生が詩を吟じて聞かせよう」

柴田は胸を張り、朗々と「白日山に依りて尽き……」と詩を吟じて、山頂を目指して登って行った。以来、甚太郎は吟詠《ぎんえい》が好きになり、柴田に漢詩と吟詠を学んだ。後に正剛はこの時の説諭を「山上の垂訓」と称し、決して忘れていませんと語っている。

またある日の放課後、甚太郎は居残りを命じられた。当時の居残りはひどく叱られることを意味していた。柴田は甚太郎を一室に呼んで、「自分は多くの生徒を教育してきたが、君のような生徒に出会ったことは実に珍しい。将来、自分は非常に楽しみに思っている。しかるに君は大変いたずらをしている。同輩の大将となり、カシラとなり、教師に対して反抗し、父母のいうことも聞かないと聞く。その事柄はよろしくないが、強い精神には感心している。それだけの強い気性があるならその気性をもって自分の我がまゝを抑え、遊びたいことを辛抱して勉学にむかって奮斗したら必ずや大いに成績を上げて、偉い人物になることができると自分は見込む」。「(君が偉くなって)中野君は我輩が教育した男であるということを世間に誇らせてくれ給え。その代わりに、自分も君が偉くなった後に、社会にむかって俺の先生は柴田文城先生であると発表しても恥ずかしくないように、僕も勉強した

柴田文城（中野泰雄氏提供）

いと思う」と言った。

甚太郎はしばらくうつ向き、「先生、やります、勉強します」と涙を流し、拳を握りしめながら答えた。翌日から甚太郎は別人のように勉強し、それまで丙ばかりの成績が一転して、すべての学科が甲になったという。さらに柴田は甚太郎の腕白について、強気な気性を無理に抑えようとせず、個性に応じてその力が伸びていくように助言した。

「中野、君は喧嘩が強いそうだね。強い者は弱い者いじめをしては駄目だ。今日から君の強いところを見込んで、君に頼みたいことがある。何某君が友達からいじめられるので学校に来るのがいやだと言っている。君ならあれの護衛ができるだろう。どうだ、できるか」と言って、友情や「千万人といえども吾往かん」(孟子「公孫丑《こうそんちゅう》」の章句)の話をして、大丈夫の心構えを説いた。その後、甚太郎は某君の送り迎えを引き受けたという(『中野正剛君の思い出』)。

こうして腕白中野少年の生活に一大転換が始まった。柴田文城の「山上の垂訓」と「訓戒・愛語」が甚太郎に発憤と覚醒をうながし、人間として飛躍する回天の力となったのである。吉田松陰は真に教ゆべきことありて師となれと言い、道元は真の正師に会えるかどうかに悟りの正否がかかっていると言っている。多感な青少年時代、どんな先生に会い、どんな友と交わり、どんな書を読み、どんな経験をするかは、人間形成上、重要である。甚太郎は「正師」柴田文城との出会いによって、向学への道が開かれ、儒教的教養の素地が培われていった。柴田は漢詩、漢学、書道、文章にも卓越した才能を発揮し、正剛の名文、名演説は文城への心酔、感化によるものともいわれ、「この師にしてこの弟あり」と評されている。

甚太郎の幼年時代は、明治前半期の自由民権運動を経て、天皇中心の近代立憲国家の基礎を確立した時期に当たる。出生の明治十九年は学校令によって公教育制度が確立され、明治二十二年には大日本帝国憲法の発布、翌年の教育勅語によって儒教的国民道徳と国家主義教育が確立した。明治維新以来、富国強兵と殖産興業によって近代化を成し遂げてきた日本は、国防と市場開拓の面から朝鮮進出を企図して清国と対立した。明治二十七年八月、両国が朝鮮に派兵して日清戦争が始まり、戦いは黄海や遼東半島に広がって日本が勝利した。翌年の講和条約で、朝鮮と清国に政治的・経済的優越性を確保したが、遼東半島の日本領有権には露・仏・独三国が放棄を要求してきた（三国干渉）。日本はやむなく要求を受け入れ、「臥薪嘗胆」を合言葉に軍備拡張に力を入れることとなった。こうした時代の活気と苦渋の息吹が甚太郎の人間形成に大きく影響したことは否めない。

＊柴田文城
明治元（一八六八）年、福岡市西区橋本（当時早良郡）生まれ。幼名は代二郎と言い、家は代々庄屋であった。ある日、他村の庄屋が持参した菓子を代二郎が「まずい」と言って捨てると、祖父は立腹して「自分たち親子が権勢の座（祖父は大庄屋）に在るのは子供の教育に悪い」と言って、その日に退役願書を差し出した。そんな厳格な躾の中で育った。

小学校を終え、鳥飼にあった正木昌陽塾に入り、塾生と起居を共にして学んだ。文城の名には「学問を志すように」との、師昌陽の願いが込められている。

明治二十年八月、福岡県尋常師範学校の第一回生として卒業（九人）し、同校付属小学校訓導となる。二十二年に郡部に出て校長を務め、明治三十年から三十二年まで再び同校付属小学校訓導となる。この間に中野正剛や緒方竹虎ら多くの俊秀を育てた。和服姿で白馬に乗り、美髯《びぜん》をなびかせながら登校する姿は人目を引き、児童や保護者に注目され人気も高かったという。その後、校長を歴任して明治四十年に退職。その後、早良郡会議員、福岡県会議員を務めて昭和二十八年に他界した。享年八十五。

柴田は、中野正剛が衆議院議員選挙に出馬するたびに必ず壇上に上がり、漢籍豊かな講談調の演説で聴衆を魅了し、最後は吟詠で終わるのを常とした。正剛が九州日報の社長をした時には社の顧問になり、公私共に終生正剛の慈父のごとき後援者となった。

柴田はまた、緒方竹虎が衆院選初出馬の際の昭和二十七年（死去の前年）、老骨に鞭打って選挙事務所まで毎日通い、演壇にも立った。緒方は柴田への弔辞の中でその時のことを次のように振り返っている。「毎日遠い所から選挙事務所に出て来られ、終盤戦が近づくと運動員に激励の語句を揮毫して励まし、昼食になるとひとり渋茶をすすりながら携行の食パンの包みを開かれていた。先生の警句と無言の垂範が皆の心を打った。皆が先生の健康を気づかうと、何時も『人は身体の保全より、信念の長久をこそ願うべきだ』と言い、『子弟にして自分の精神を継承してくれる者の為に、身命を抛《なげう》つは寧《むし》ろ本懐である。意を安んぜよ』と言われたと聞き、自奮禁じ難きものがあった」（藤島正之『灯火を掲げた人々』）。

中学修猷館時代

明治三十二（一八九九）年、甚太郎は福岡県中学修猷館（旧黒田藩東学問稽古所）に進学した。小学生のころから町道場の「不二会」に入門して柔道の稽古を続けていたが、中学に進んだある晩、柔道の練習中に左大腿部を強打し、骨に及ぶ重傷となった。損傷したのは、以前に負傷し自然治癒したのと同じところであった。このため三回にわたり九州帝国大学病院で手術を受けたが完治せず、一年休学してようやく治った。この闘病生活を通じて、人間は文武両道に努めなければとの強い気持ちが生じたという。

当時の立身出世の目標は官吏になることであったが、日清戦争後は軍人が脚光を浴び、若者にとっては軍人になることが大きな夢となった。甚太郎もそうであったが、足の負傷によって軍人への夢は諦めねばならなくなった。

足は不自由になったが、その後も家から三キロほど離れた明道館（玄洋社柔道場）に通いながら柔道は続けた。学校やここでの稽古だけでは足りずに、中学の仲間とともに柔道場「振武館」の建築を思い立った。そこに少年たちを集め、柔道だけでなく学問のためにも役立てたいと熱望した。甚太郎は近くの桑畑の土地を買い、二十坪ほどの道場を建てるため、郷土の先輩たちに道場と青年会が必要なことを説いて回って資金を集めた。最後は玄洋社の初代社長を辞した後、筑

平岡浩太郎（玄洋社記念館提供）

豊の炭鉱経営で資産をなした衆議院議員の平岡浩太郎の別荘（北九州市戸畑）に出かけた。甚太郎は玄洋社主催の「賊の招魂祭」（西郷軍の戦没者慰霊祭、毎年五月十日開催）に出席しており、玄洋社の人々と親交があった。あいにく平岡は不在だったので、夕方遅くまで待って資金の援助を求めた。どんな話をしたかは分からないが、玄洋社の憲則（皇室尊重、本国愛重、人民主権の固守）の思想を背景に、文武両道の必要性を力説したに違いない。「容易に人をゆるさず」と評された平岡が、「心底見えたり」と言って快く所望の金を与えたという。料理番を呼んで食事を出させ、帰りは汽車の切符を持たせたというが、絹の羽布団に寝かせてもらったとの説もある。中学三年の時である。

　こうして建った振武館は、甚太郎の家から七、八分の所にあった（その後、現・鳥飼八幡宮境内、中野正剛先生顕彰碑・銅像建立地に移転）。夕食後に少年たちは道場に集まり、柔道の稽古が終わってからの武勇談に話がはずんだ。「切腹の仕方は知っておかねばならぬ」と甚太郎が言ったこともあったという。詩を吟じたり黒田節を歌ったりして、勉強はそれからであった。このころのことを次のように振り返っている。

自分が少年の時の書斎は物置小屋を片づけたのであつて、田圃を隔て丶細道に臨んで居た。晩食後型の如く柔道の道場に通つた。八時半までには帰つて燈火を親しまうと決心しながら、汗を拭いた後《のち》の雑談に興がつて、九時過、十時にもならねば書斎に帰らぬことも多かつた。其都度薄弱なりし自己の意志を自責し、睡眠の時間に喰い込んで深更まで読書した。書物を読みながら、自己を思ひ、環境を思ひ、世の中を思ひ、エライ人にならねばならぬと思つて、燈火の親しむべきを味つた。

（「燈火親むべし」〔「九州」創刊号、昭和六年〕）

当時はまだ電灯のないころで、五分芯ランプを灯して本を読んだ。愛読した書物は西郷南洲の伝記、王陽明の『伝習録』、大塩平八郎の『洗心洞箚記《どうさつき》』、佐藤一斎の『言志録』、徳富蘇峰の『静思余録』、松村介石の『立志之礎《いしずえ》』などで、鰹節を噛むように苦しみながらも味わって読んだという。

甚太郎は中学修猷館においても生涯の師と仰ぐ先生に出会った。「焼け火箸」のあだ名を持つ漢文の益田祐之《すけゆき》先生である。修猷館の「学友会雑誌」の主宰者で、「修猷館の剛健な学生に似もつかぬ修飾タップリの美文など真ッ平御免で」（「学友会雑誌の思い出」）、そんな原稿は一切採用せぬという厳格な先生であった。

正剛は「修猷創立五十周年記念号」(昭和十年発行) で益田先生との出会いを書いている。

其頃七隈原の菊池寂阿公の墓で何かの祭典が営まれたが、益田先生は筆者に対して、菊池公が多々良川の戦陣で討ち死にされた由来を調べて書くように命ぜられた。自分はえらい大任を仰せつかったと思ってまずその史実から調べてかかった。(史記の講義を聴きにいっていた宗盛年先生や玄洋社系統の酒飲みで豪傑学者の大内義英先生の所などに通いながら) 兎に角一文を草してオズオズしながら益田先生に差し出した。(略) 自分は恥ずかしい気持ちで、益田先生がそれを読まれるのを待っていたら、思いがけなく非常なお誉めに預かった。これは好い、君は立派に文章が書ける。この気持ちで書かねばならぬと。自分は、学校生活を終りて、官吏になる気もなければ、商売人になる気もなかった。そこで、取りあえず食う為に筆を執らねばならなかったが、文章を以て世に見えるような自信を持ち得たのは、益田先生のお誉めの言葉に鼓舞されたのに由来するかもしれぬ。

(「学友会雑誌の思い出」)

こうして、初めて執筆した文章が「菊池寂阿公」で、「学友会雑誌」第二号に収録された。このころの正剛について、一級下の緒方竹虎は、「中野君は柔道派の親玉でありながら文章を書いては校内に並ぶものがなく、見るからに才気煥発の生徒であった」と言い、人生観を培う上で、「彼が少壮にして儒学を郷先生について読み齧ったことは彼をして憂患の子たらしめた」と述べている（『人間中野正剛』）。「郷先生」とは、小学校の柴田文城、中学校の益田祐之、漢学塾の宗盛年である。

個性の形成

甚太郎は柔道と儒学を基盤に、文武両道を究めた。勝海舟や偉人を通して修養法を、西郷隆盛からは廉潔と至誠を学び取り、己の魂に刻み込んだ。「学友会雑誌」第三号の「修養論」で、人は大いに心の修養に努めなければ、「無節、無主義」となり、「逡巡動揺」して大事を為すことができなくなるとして、勝海舟のことを取り上げている。

——武芸は人の精神を養い胆力を強くするが、ただ技芸に走り精神の鍛錬を欠けば畢竟匹夫の勇となる。弱者には強いが強者に遇えば恐れをなして叩頭《こうとう》し、難事に遭遇すればたちまち屈してしまう。海舟は竹刀を持ち、深夜人が恐れる森林の内に入り、樹木を敵としこれを打ち、林間寂寞の中に座して一心に「瞑目沈想」「瞑目近思」の工夫を凝らして心の修養に努めた。武を学ぶ者、海舟翁の如く技芸と工夫とを合わせ行って、はじめて武の目的に達し得るのである。——

続けて偉人の伝記も、熟慮工夫を凝らして自分の血肉とし、自分の意思に定着させなければ単なる物知りの楽しみに過ぎないとして、「近思」「熟考」こそが咀嚼・消化の所以であるとしている。もし万巻の書を読破し、いかに有益な倫理書を読んでも、その域に達しないとすれば「畢竟工夫の足らざるが故なり。己を鞭打たざる可からず、近思熟考せざる可からず」と述べて、次の言葉で結んでいる。

「吾今貧賎なり、幸いに貧に居りて屈せず、利を見て動かざるの工夫をなして自ら修養すべし、吾もし富貴ならんか、富に居て驕らず、地位を得て命を惜しまざるの修養を工夫すべし。修養の法は唯工夫のみ、近思のみ」

続く「学友会雑誌」第四号において、西郷隆盛は「余の最も敬服する近世の偉人なり」と述べて、次のように書いている。

官を辞して郷に帰らんとするや弟に向いて曰く、吾れ不才にして汝に及ばざるもの多し、然れども吾れ汝に誇るべきもの一あり、蓋《けだ》し他なし吾れ事を処するに当たり毫も権謀術数を用いたることなし、故に吾跡清し、唯之のみは汝の余に及ばざる所ならんと。其非凡の大量、雄偉の風采慕うべしといえども余が特に先生を慕うて止まざる所以のものは実に此至誠にあるのみ、嗚呼先生は実に至誠の人なり、決然手に唾《だ》して勤王の為に起ちしも至誠なり、勝海舟翁と共に談笑して江戸城の授受をなせしも至誠なり、征韓論を怒号せしも至誠なり、論破れて事ならず冠を挂《か》けて（退官して）郷土に帰りしも至誠の激動なり、先生は決して名利の人に非ざるなり。

（「西郷南洲先生の片影」）

中学四年になって、甚太郎は名前を改めた。元来、黒田藩の士族の家系を誇りにしていたので、家業の質屋と甚太郎という名が嫌いであった。たまたま同姓同名の車夫が悪事をして検挙されたのを機会に、「一生を正しく武士らしく、剛毅に生き抜こう」との思いを込めて、「正剛」とした。以後、友達から「甚ちゃん」と呼ばれるたびに、「正剛ぞ」と一々訂正したという。

この年、正剛は校風刷新を掲げて振武館の仲間を集め、弁論・文章の訓練と勇武の精神を鍛える目的で「玄南会」をつくり、文武両道を奨励した。玄南会には、一級下の安川第五郎（後の九州・山口経済連合会会長）や緒方竹虎も誘い込まれた。玄南会の存在は校内の軽薄華美な生徒に脅威を与え、時には正義感にまかせて鉄拳制裁を振るった。そんな時「いつも中野君が旗頭だった」と緒方は言う。

正剛が中学時代を過ごしたころの日本は、日清戦争に勝利して、金本位制の確立や不平等条約（治外法権）の改正を成し遂げ、重工業の発展で生産力も飛躍的に増加していた。一方、東洋の大帝国と言われた清は、敗戦により露・独・英・仏の列強によって鉄道敷設や領土租借などの利権を蚕食されることとなった。列国の侵略に対抗するため、清国では義和団が外国人居留地を攻撃したが、日本軍が連合軍の中核となって鎮圧した（義和団の乱）。この時、ロシアは東清鉄道守備を名目に満州に出兵し、韓国に租借地を得ようとして満州に居すわり続けた。このため日本はロシアの南下を恐れるイギリスと同盟を結び、ロシアと外交交渉を続けたが決裂、明治三十七年、日露戦争が起こった。

修猷館時代。前列右端が中野正剛，前列左端は緒方竹虎（中野泰雄氏提供）

その翌年、正剛は「征露戦争に得たる偉大なる教訓と好時機」と題する論文で「実に日露の戦争はハイカラ打破、新武士道形成の好時機なり」と述べ、「武士道とは我が国固有の遺風を径《たていと》とし、儒仏の思想を緯《よこいと》とし、大和錦の色に織りたるものにして、忠孝、献身、勇武、仁慈《じんじ》、義侠、快活、質素、温雅等の諸徳を兼備した世界無比の美風で」その根本は「至誠奉公、私を殺して、万機に処する」と述べ、武士道を振興せよと主張した（「学友会雑誌」第八号）。中学五年の時である。

　このころ渡米していた新渡戸稲造は『武士道』を英文で著し、日本道徳の価値として広く世界に宣揚していた。『武士道』が邦訳されたのは明治四十一年。正剛の価値観はまさに新渡戸と共通するものである。

　正剛は、修猷館の「質朴剛健」、「不覊独

立」の学風を代表する豪傑生徒として、知行合一に努めた。ちなみに、在学中の譴責処分は三回、操行は乙が二回、卒業時の学業成績は三番であった。

早稲田大学へ入学

明治三十八（一九〇五）年四月、正剛は早稲田大学高等予科に入学した。中学時代、常に級中二、三番を下らない成績であったが、私立の早稲田大学を選んだ。当時、高等学校には入学試験があったが、早稲田の高等予科は無試験で入ることができた。中学を卒業した秀才はほとんど官立の高等学校を目指した。八年先輩の広田広毅も、四年後輩の田中耕太郎（後の最高裁判所長官）も高等学校へ進学した。私立大学に入るのは官立大学に入学するには成績不十分な者とされていたので、早稲田大学に入学した正剛は一種の反逆児ででもあるかのように人目を惹いた。

正剛は、帝国大学と早稲田大学の優劣に関する世俗論について、「早稲田の里より」（「学友会雑誌」第九号）の中で、「人は兎角我田水引の論ばかりして、高等学校、帝国大学に入る人は無暗に帝大の事を誇賞し、早稲田大学に入る者は帝国大学などにおいては活気ある有為な人物を出す能わざるかの如く申し候えども、何れも御胸の中が小さきからの言い分なるべく候」と述べ、両校への見解を公平に論じている。しかし、「帝国大学の如き注入主義の学校にて人形の如き人物を作りだしてなんの益かある。彼等は人にして活気なし」と述べている。型にはめる官学は正

早稲田大学時代の下宿仲間と。左から中野正剛，緒方竹虎，阿部真言（中野泰雄氏提供）

剛の気質に合致しなかったのであろう。一方、「早稲田のごときが威張りたりとてなにかあらん。無試験大学ほどの知れたるものなり」「選抜試験を通過し得ざる弱武者」と自戒して、奮起すべき課題としている。

足さえ悪くなければ士官学校に入りたいと思ったのも、単に軍人への憧れだけではなく、官費で学資がいらないことを考慮したからだといわれている。人一倍母思いの正剛は、弟妹が多く学資も十分出せない家庭事情から、苦学の必要を感じていた。懇親会などの会合が行われても、「小生は御無礼いたしおり候」と書いている。また、当時の学生は一般にラシャ服であったが、小倉織の木綿服で通し、「学校では拙者一人に候えども別に眼をむけて見る人もなく、少しも奇とも何とも見え申さず候」と意に介せず、交際も生活も切りつめて勉学一筋に専念した。

早稲田の高等予科は大学部の前提として外国語が主であったので、特に語学の勉強に力を入れた。

一年後、緒方竹虎が上京して東京高等商業（今の一橋大学）に入学した。正剛と同宿した緒方は、「中学時代においても謂《いわ》ゆる勉強虫的でない秀才としての中野を知っていたのであるが、私は東京に来て初めて彼と起居を共にし、牛込の下宿で五分芯洋灯《ランプ》を共用するようになって、実は彼の勉強家なるに驚いた」と感服している。共同生活が続く中、緒方は正剛の勧めによって早稲田に転学した。

緒方は中学のころ貿易商を志し、正剛に対して君の政治資金は僕が中国貿易で儲けて出してやるなどと冗談口をたたいていた。「彼（中野）は将来日本の政治を左右する時代を夢に描き、不器用な私までも幕僚に使おうと考え出したのであろう」「私が朝日新聞社に入社したのも、全く中野君の推挽によるものであった」と述べている（『人間中野正剛』）。後に正剛の秘書になった進藤一馬（後の衆議院議員・福岡市長）も、正剛に相談して国士舘から早稲田へ移った。

正剛思想の原点

早稲田時代の正剛は、西洋史の受講を通して、西洋の民権思想と封建制を打破した革命精神に強い関心を抱き、英雄としてのナポレオンに深い憧憬を寄せた。また、経済原論の講義にも新鮮な印象を受け、テキストの原書を読み通した。あまり多くの人と親しくせず、いつも図書館へ行っては英語の原書と漢籍に没頭し、「人たるの所以」を文武両道の面から追究して、独自の思想を確立していった。学生時代の正剛はどんな人間性を理想としたのか、「人材論」と題して目指すべき人間像を描いている。

人の修養に二途あり。乃《すなわ》ち一方においては自分の短所を去る事なり（略）又他の一方は自己の長所を発揮する事なり。而して人は其の長所に向いて盛大なる活動力を有す。此の活動力を助成して益々旺盛ならしめんとするは人をして偉大ならしめる所以なり。前者に偏すれば所謂ヨカ人となり易く、後者に偏すれば猶悍馬の如き人となる。（略）更に幾何学の述語を借りて修養の方法を説明せん。爰《ここ》に鋭角三角形あり、この侭にては圭角多くして世用に不便なり。故に其の三つの圭角を殺《そ》ぎて三角形の内接円の形となさば、完全なる円の形となりたる代わりに、其の大きさは本来よりも小となれり。学問して圭角が取れて如才なくなりし代わりに、前よりも小人物となりし人の類は皆是なり。之に反して三角形の圭角を蔽《おお》う為に其の円周が三角形の頂点を過ぐる如き円の形を作らば如何。其の形の円満なると共に其の大きさも前より拡大せられたり。斯くの如きは学問の結果其の人物を偉大にし、前には外部に突出せし鋒鋩《ほうぼう》を内に蔵して真の大器となりし人の如きなり。（略）吾人は飽くまで大器たらん事を期す可し。

（「学友会雑誌」第十一号）

また正剛は「活動進取の快」と題する文章で、我が国に必要とされる人物のあり方として、次のようなことを述べている（「学友会雑誌」第十四号）。

——秀吉はなぜ朝鮮にまで出兵して明韓を治めんとしたのか。ナポレオンはなぜモスクワ侵入の大壮図、大無謀をしたのか。彼らは常人の栄職・顕位とする所には満足しない。快を大活動大飛躍の間に求めているからである。自分は深夜厳寒を冒して書を読み、暁天氷雪を踏んで武を練る、これを苦とは思わぬ。苦学力行して怠らないのは、顕官を得て一生を安楽にするためか、否。「吾人が顕官を得んとするは大手腕を試み、大にしては人類に貢献し、小にしては快を其の活動の中に求めんが為なり」。安楽、逸楽は「男子の以て快とす可きものに非ず」。「英雄豪傑なる者大事をなさんとするに当たりては、禍福生死を忘れて突進す」。地位や富が適宜得られれば「禍福生死に迷いてあたら其の末路を汚すなり」、「吾人は勇往邁進以て同胞を利し、人類を益」する活動進取の中に真の主観的男子的愉快を求める者である。

「怒濤巌に激し、砕けて珠塵となり、散じて落下となる所、天下の壮観、男子難に当りて百折不撓、汗血を流して苦闘し躍進する所、人生の最大快事、最大壮観に非ざるか」——

正剛が目指す人間像は、自分の短所を矯正した盆栽型の人間ではなく、自然に自分の長所を伸ばした大樹のような人間で、千里の道を駆ける駿馬のごとき「鋭角三角形的活動人物」である。そうして、いかなる難事に遭遇しようとも「難に殉ずる覚悟」を自己の旗幟とした。

大学入学に際して初めて上京した時、銀座見物を勧める先輩の誘いを断って最初に訪れたのは、宮城前の楠木正成像と高輪の泉岳寺であった。大石蔵之助の墓前では人目をはばからず拳骨で眼を拭き涙していたという。正剛の魂には、死に臨み「七たび生まれて国賊を滅ぼさん」と言った楠木正成や、難事を恐れず義を貫き通した大石蔵之助の大義に殉じた精神が焼き付いていたのであろう。

正剛は「殉難の精神」(「学友会雑誌」十五号)の中で、吉田松陰を始め維新の大業に殉じた人々を論じた後、「彼等は殉難の士となりて、守成を他の後継者に譲りしなり」、「世人は松陰となり大西郷となり、人に惜しまれることを避けて、伊藤侯となり、山県侯となり、世に仰がるることをのみ希うか。余は必ずしも然らざるなり」、「余は重ねて曰わん、挺身自ら当たるの勇と、従容難に殉ずる覚悟とは、男子の事に臨みて必ず忘る可らざるものなりと」と述べている。正剛二十二歳の時である。

金子雪斎の影響

正剛が早稲田に入ったのは日露戦争に勝利した明治三十八(一九〇五)年である。ポーツマス条約で、日本は韓国における卓越した利権と関東州の租借や鉄道敷設などの権益を得た。この後、政府は植民政策の道を選んで朝鮮・満州への移民を奨励した。一旗揚げようとの大望から大陸に渡る人も多く、学生の対外的・政治的関心も大いに高まっていた。

正剛は牛込の東五軒町を歩いていて、「民報社」の看板の名筆に引かれ中国同盟会の事務所を

大正９年，大連の振東学社にて。前列中央が金子雪斎，その左が中野正剛（中野泰雄氏提供）

知った。民報社は「亡命客」の梁山泊と言われており、訪れているうちに孫文や黄興らと知り合って清国や東洋に関心を深めていった。

このころ東京には清国からの留学生が約一万人いて、早稲田にも一クラスに二、三人の留学生がいた。その中で正剛が注目して親交した人に、林長民（後の中華民国司法総長）と、満州人の丁鑑修《ていかんしゅう》（後の満州国交通大臣）がいた。大学三年の夏休み、正剛は丁の案内で満州旅行をした。その途中、大連で「泰東日報」を発行し、私塾振東学社を経営する金子雪斎（平吉）を訪ねた。

「君たちは何処に泊まっているのか」と雪斎に問われて、「遼東ホテルです」と答えると、「なに、遼東ホテルに？　なんだ貴様たちは、学生ッポではないか。遼東ホテルへ泊まるなんて贅沢きわまる。そんな有様だから東洋の前途が思いやられるのだ。大馬鹿め！」と大変な剣幕で叱られた。実は二人とも前の晩まで安宿に泊まり、先輩の好意でホテルに移ったばかりであったが、雪斎の厳しい態度に一言の弁解もできなかった。雪斎は朝鮮の独立と満州に精神的日本を建設するのだという一貫した信念を持っていた。

後に正剛が代議士になった時、友人たちの中に、貧乏で可哀想だから何とかしてやろうじゃないか、と言い出す者がいた。その話を聞いた雪斎は、「そんなことを言い出すとはけしからん、また言われていい気になっている中野はなっとらん。日本の代議士で飢え死にした奴があるか。政治のために一人ぐらい飢え死にしてこそ、日本の政治も少しはよくなるのだ。飢え死にしてみろ」と叱られている。正剛は多くの先輩の世話を受け、尊敬しながら袂を分かった人も多かったが、雪斎だけは生涯尊敬して止まなかった。

正剛は大学でも文武両道の修練を積むため柔道を続けていた。三年の秋、学生の柔道大会があり、正剛初段の対戦相手は、不敗を誇る講道館所属の巨漢、徳三宝三段であった。正剛は得意の体落としで二本とも勝ち、満場を唖然とさせたという。正剛は勝負に強く、加納治五郎から激賞されて特別賞を得た。審判は三船久蔵であった。

正剛が大学四年（明治四十二年）になって間もなく、一家は家業に失敗して東京に移り、借家住まいになった。長男の正剛は学生の身で六人を支えねばならなくなり、三宅雪嶺主宰の雑誌「日本及日本人」の原稿料と林伊民（林長民の弟）への個人教授の謝礼などで家計をまかない、足りない分は借金して一家を養った。

「卒業試験には俺がならずに誰が一番になるのだ」と豪語していた正剛は、原稿を書くことが本業になり、卒業時の成績は三番に終わった。卒業論文は「支那論」で、指導に当たった浮田和民教授はその論文について、「非凡の天稟――それは物事に対する観察が、若い人に似ず要所を捉えてその間に寸分の隙がないこと、識見が少壮の士に珍らしいほど徹底的に卓越しておること、それ等の観察や識見を通じて、如何にも此の世の中を如何に導くべきか、此の国家国民を如何に処理し誘掖《ゆうえき》すべきかと云ったような風の真率なる赤心誠意が流れ溢れて居る」と書いている（「学生時代の中野君」〔三木喜廷編『中野正剛』〕）。後に友人の風見章は、「おしいなあー中野をして中国革命史を書かせればカーライルの『フランス革命史』以上の物が出来、大正の遺産として千年に筆あとを残すであろう」と新聞界の長老が言っていたと伝えている。

花開く万丈の気（明治四十二－大正八年）

日報社から朝日新聞社へ

明治四十二（一九〇九）年七月、正剛は文筆で生活を立てようと考え、同級の風見章とともに日報社（毎日新聞社の前身、「東京日日新聞」を発行）に入社した。給与は三十円。昼食はみな食堂ですまし、誰も金は払っていない。この社ではこんなうまいものがただで食べられるのかと思い、毎日昼食を楽しみに、牛なべやウナギ飯などを食べていた。月給日に袋を明けると二円数十銭しか入っていない。伝票をよく見ると食費が差し引かれていた。

二円少々で両親と弟妹三人の生計を維持することはできない。正剛は途方にくれ、一家ともども親しくしていた同郷の頭山家の門をたたいた。頭山満は「うんそうか、ご両親がさぞお困りじゃろう」と言って所望の金を渡し、一緒にそこまで出ようという。どこまで行くのかと思いながらついていくと、魚屋の前で立ち止まり、主人を呼んで積まれていた魚の山の上に太い杖で円を大きく描き、「ご両親に差し上げてくれ」と言って、その魚全部を持たせた。巨魁と呼ばれる頭山とはそんな男であった。ちなみに、雑誌「冒険世界」の「痛快男子十傑の読者投票」（明治四十三年）で、頭山は「現代豪傑」の部で一位に挙げられ、「在野の巨人」と呼ばれていた。政治家では大隈重信、軍人では乃木希典、文士では大町桂月、学者では三宅雪嶺、力士では常陸山がそれぞれ一位に挙げられていた。

入社早々、正剛は十和田湖を中心とする観光と産業振興のため、東北三県が招待した記者団の一行に加わった。旅先から書き送った原稿「東北遊覧記」が「なかの生」の署名入りで連載され、これが日報社の客員編集大町桂月の眼にとまった。東北から帰ると桂月が記者室に訪れ、「君の文章を読んだが、なかなかいい」と誉めて、転社を勧めた。桂月は晩年、奥入瀬の蔦《つた》温泉で余生を過ごしたが、それはこの時目にした正剛の紀行文の魅力によるものと言われている。

日報社の給料では一家の生計がままならず、社の経営も不振だったので、同年十二月、正剛は朝日新聞社に入社した。採用試験に合格したのは二人で、正剛は東京朝日新聞の政治部に入った。初任給は経験を買われて六十円であった。このころの標準初任給は、官大卒が三十円、私大卒が二十五円、当時校正部にいた同年齢の石川啄木は二十五円で、十九歳年長の夏目漱石は二百円であった。

それまで家人には借金を秘してきたが、ようやく一家六人を支えることができるようになった正剛は、「御承知の通り朝日は日本第一の新聞なり、之を根にして追々多少は政界のために役に立つ様に出

頭山満（玄洋社記念館提供）

来申すべく候」と、知人への手紙に覚悟の一端を伝えている。

入社早々の正剛は、同僚の話によれば、木綿の紋付羽織に紺絣《こんがすり》の袴で朴歯《ほおば》の下駄を履き、番傘を肩にその先に風呂敷包（中味は多分本）を吊るし、いささかガニ股で時折詩を吟じながら出社していたという。また、肩を怒らして書生気質を表し、国士をもって任じ、覇気横溢、犬養毅を崇拝して仲間を睥睨《へいげい》するの観があったようだ。

朝日新聞社では上司弓削田精一らの引き立てにより、政治評論を匿名で書けることになった。持ち前の強気と単刀直入の率直さで政界の名士たちに会見し、その成果が「朝野の政治家」と題して明治四十四年五月中旬から四十七回にわたり「東京朝日新聞」に連載された。

「朝野の政治家」は、桂太郎と西園寺公望の両総理大臣のほか、各大臣、政友会の原敬、松田正久、国民党の犬養毅、大石正巳など政界中枢の十人を論じたものである。政界の実状と軍閥、政党、人物の本質を漢文調で論じ、連載早々、絢爛たる文章と大胆な批判が世人の注目を浴びた。ペンネームの「戎蛮馬《じゅうばんば》」は明治の大記者といわれる朝日新聞の主筆池辺三山の匿名だろうと噂され、「三山未だ老いず」の投書が新聞社に寄せられて三山を苦笑させたという。それが二十六歳、無名の青年記者中野正剛だと分かり、一躍、鬼才出現と大評判になった。

当時の大出版社博文館は、早速その連載を『八面鋒――朝家の政治家』として出版した。自序を書いた明治四十四年八月三十日は、西園寺公望が第二次桂内閣を後継して第二次西園寺内閣を発足させた日で、当時の政権たらい回しの沈滞した政局に活を入れる檄文となった。

西園寺と桂は十年前から交互に政権を担当し、西園寺は地主・資本家を代表して自由主義的な政策を、桂は官僚・軍部を代表して保守専制的な武断政策を推し進めていた。正剛は、西園寺を「劉郎嫖客《りゅうろうひょうかく》（遊女に溺れ花街に遊ぶ）の通なる者」として、鬼神を動かす熱意がないから「大俗公」と称し、桂を俗塵中に埋没して英雄の空気を呼吸していないから「大通侯」と呼んだ。そして、「この大俗公と大通侯の二人が天下を動かし、両者による妥協政治と情意投合が人心を倦ましめている。政友会（西園寺総裁）は情実に溺れ、国民党は小理屈にちぢこまり、今や政局は情実倒れ、小理屈倒れになっている。大俗公と大通侯はその大勢に甘んじて政界をますます不振に向かわせている」と指摘した。

『八面鋒』はこのような痛烈な批判をもとに人物論を展開している。犬養については次のようなことを論じている。

――犬養は政党員として党幹部に、政治家としては藩閥政府に、個人としては時流に反抗し窮境にあっても強い。反抗は終始一貫して犬養の生命であるが、しかしそんな犬養に強兵のいないことをよく考えてみる必要があろう。

譬えれば「君は酒屋の黒犬」である。昔、酒を売る者がいた。良い米と水を使い、製造法を工夫して芳醇な酒を作り、市価の半値で店頭に出したが少しも売れない。そこで隣の老婆に嘆息して話すと、あなたの店の酒がいかに良く値段が安くても繁昌する訳がない、なぜなら門前に黒犬がいて、見知らぬ人がくれば吠えつくから黒犬に馴れた馴染みの客しか酒を買いにこないのだと言う。酒屋の主人は初めて店の寂れる理由を知って頷いた。「寸鉄人を殺す此の一言、木堂たる者、深く味わわざる可らず」。

しかし世の中を観望すると、門前の黒犬を後庭に繋ぎ、赤襷の少女を客引にして蓄音機の鳴物入りで暖簾の繁昌を図ろうとする者ばかりである。追随すればこの店の醇酒はどうなるか。主人が黒犬を飼う愚は憐れむとしても、精進潔斎して醇酒を造った苦心は大事にしなければならない。「余は木堂が黒犬を捕まえて後庭に繋ぐに同意すれども、世俗の見に媚びて、蓄音機を店頭に据え、赤襷の客引きを雇うを許さず。醇酒を醸して人の買うなくんば、独酌してその甘味」を楽しめばよい。要は酒の醇不醇が第一で、客が多いか少ないかは第二である。黒犬を避けるあまり節操を見失ってはならない。——

正剛は権威や名声に臣従して栄達に狂奔する人間を忌み嫌い、学生時代から犬養に傾倒していた。そのうえ境遇や性向、思想に相通ずるものが多かっただけに、犬養の描写は、正剛の気質をそのまま反映するものとなった。

一方、軍人政治家の寺内正毅は「大元帥陛下（明治天皇）が軍人の政治に耽るを喜び給はざることは、軍人の勅諭に照しても明白なり。然るに今日の如く左手《さしゅ》剣を提《ひっさ》げ、右手《うしゅ》に算盤を弾《はじ》く軍人政治家の政権を壟断《ろうだん》するは、是れ何の徴《ちょう》ぞ。（略）政治片手に軍人たる輩《やから》に、曾て戦陣の勇者なし」と仮借なく批判して、征韓論が起こった時のことを述べている。

非戦論者を歴訪して文官たちを震恐させていた陸軍の桐野利秋が大久保利通を訪問して「征韓

論に反対するのは何者であるか」と怒鳴ったところ、大久保は「別人に非ず、余こそ其の巨魁なれ」と言う。桐野がその理由を詰問すると、「軍人は政治に容喙《ようかい》すべからず」。この毅然たる一語で桐野は去った。武断派の寺内が大久保以上の政治的地位に就こうとして、長州藩閥のピラミッドの頂上で命脈を保っているのは、政界に大久保に匹敵する人物がいないからであると断じ、「堕落せる政界」の現状を憂慮し、「松田正久君健在なりや、犬養毅君健在なりや、原敬君健在なりや、大石正巳君健在なりや。君等の萎靡《いび》として振はざるは、余をして凡庸の武人寺内の如きものを朝野政治家中の末篇に加えしめたる所以なり」と結んでいる。

対岸の火災 ―― 辛亥革命

『八面鋒』発刊後の明治四十四（一九一一）年十月、清国の武昌で革命軍が蜂起、その一カ月後に大部分の省が清朝からの独立を宣言した。こうして始まった隣国の辛亥革命に対し、第二次西園寺内閣は、当初、内政不干渉の方針をとった。ところが、清国の君主制を擁護する元老山県らの主張によって方針を変え、清朝に武器援助を通告。山縣系陸軍軍閥の意図は、日本の力を中国本部に植えつけることによって満州問題を解決することであった。

当時、桂太郎の相談役として政界に隠然たる力を持っていた国民新聞の社長・徳富蘇峰は、その紙上で「対岸の火」と題して、中国に共和政権が樹立することは我が国体の基礎を危うくする

「有害なペストだ」と危険視し、これを座視すべきでないと主張した。山縣系軍閥・軍部官僚の対清擁護と内政干渉の立場から書かれ、政府の対清政策を代弁するものであった。
蘇峰の清国擁護論に対し、正剛は直ちに「東京朝日新聞」の紙上で「対岸の火災」と題して内政不干渉の立場から反論を展開した。

何を苦しんでか対岸の火災を杞憂し、之が影響を警戒するを要せん。何を労してか自立する能わざらんとする北京朝廷（清朝）に左袒《さたん》（味方）し、之に代わりて四億漢民族の怨敵となるを須《もち》いん。もし友国の災難につけ込んで無用の干渉を試み、侵略の意図を有するなら、是実に仁義の日本をして虎狼《ころう》の秦に倣《なら》わしむるもの、国家の徳義として忌むべきは勿論、抑《そもそ》も利害を打算するに先見の明なきの甚しきものなり。

辛亥革命を中国の近代化・民主化ととらえた正剛の主張には、玄洋社のアジア主義思想や、中国留学生や孫文らとの親交を通じて得た三民主義（民族の独立・民権の尊重・民生の安定）と人道主義の民主主義思想が息吹いていた。
辛亥革命の進展によって日本政府の対中国政策は混乱した。一方、陸軍の参謀本部は、中国の混乱に乗じて「支那浪人」（民間人）を利用しながら独自に満州と蒙古（モンゴル）を独立させ、日本の勢力下に取り込もうとして策動していた。

「対岸の火災」の五回の連載を終えた正剛は、十二月二十五日、頭山満の一行とともに朝日新聞の特派員として上海に向かった。頭山の目的は一足先に中国に渡った犬養とともに、革命党の志士や一般の中国人に対し火事場泥棒的に横暴な活動をしている「支那浪人」を押さえることと、孫文に会見することであった。

一九一二（明治四十五）年一月一日、孫文は南京で臨時大総統に就任して共和政体の中華民国を成立させた。正剛は孫文と頭山との通訳を務め、早稲田時代の知友黄興（副元帥）らと交歓しながら、そのつど現地の状況を「朝日新聞」に報じ、同月十六日に帰国した。この辛亥革命行によって、中国の真の統一と東亜の平和を招来するまでに前途は遠く、問題が遼遠であることを実感した。中国ではその後、北方軍閥の袁世凱が清朝宣統帝を退位させたので、孫文が辞任して袁世凱が中華民国大総統に就任した。

その年の十月二日から、正剛の「明治民権史論」が百回にわたり耕堂のペンネームで「東京朝日新聞」に連載された。政界の人物と明治の政争を中心に、藩閥、官僚に対抗する民権の消長を論じたもので、「朝野の政治家」に続き大いに世人の注目を集めた。

連載中の十二月、陸軍は中国出兵を企図して二個師団の増設を要求したが、第二次西園寺内閣は経費節約からこれを受け入れなかった。このため、陸相上原勇作は元老山縣と相談して首相を通さず直接天皇に辞表を提出。そのうえ陸軍は後任陸相を推挙しなかったので、西園寺内閣は総辞職した。元老会議は後継首相に桂太郎を推した。しかし桂は侍従長になったばかりで、世論は宮中と政府の別を乱すものとして激しく攻撃、政友会の尾崎行雄（咢堂）や国民党の犬養毅（木堂）らは、山縣の長州閥と陸軍の行動を非立憲的だと主張し、「閥族打破・憲政擁護」を掲げて護憲運動を展開した。

翌年一月、歌舞伎座における憲政擁護大会を取材した正剛は、「咢堂の雄弁は珠玉を盤上に転じ、木堂が演説は霜夜に松籟を聞く」、「各異なりといえども、共に一世の雄なり」と報じて、憲政擁護運動を応援した。憲政擁護運動は燎原の火のごとく全国に拡大した。

尾崎は二月五日の議会で、「桂は玉座を胸壁とし、詔勅を弾丸として政敵を攻撃するもの」と述べて弾劾決議案を説明した。これに対して、桂は勅命によって決議案を撤回させようとしたので、再開した議会は数千の民衆に包囲され、桂を支持した新聞社や交番が焼き討ちにあい、在任五十三日で辞職した（大正政変）。

このような社会情勢の中で「明治民権史論」は檄文の役割を果たし、三月に出版された。続いて「桂公に与うる書」ほか、「大隈伯」、「木堂先生」、「咢堂先生」、「原敬君」など九篇の「与うる書」が「東京朝日新聞」に連載された。それは大正政変の渦中に踊った人物を批判・弾劾、あるいは激励・賞賛したもので、これも『七擒《きん》八縦《しょう》』の書名で出版された。「今次の政変でメッキリ男を上げたのは中野正剛氏なり」と評され、一躍「耕堂」のペンネームが脚光を浴びることとなった。

結婚、そして京城へ

大正二（一九一三）年七月、正剛は三宅雪嶺の長女多美子と結婚した。「日本及日本人」の同人古島一雄が仲介役になり、頭山満が媒酌人となって式を挙げた。正剛二十八歳、多美子二十歳で、多美子の英語ノートには七月二十八日、The day comes at last！と記されていた。三田村武夫は仲介者の古島が明かした話を、「結婚秘話」として伝えている。当時としてはまさに型破りのプロポーズであった。

私は中野君の仲人をやつたんだが、中野君がある日僕の所にやつて来ていうには、「実は結婚したいと思うから、仲人をお願いします」というので、「相手があるのか」というと、「あります」という、「何処の誰だ」と訊《き》くと、「三宅の娘だ」という。「それでその三宅の娘には会つたことがあるのか」というと、「会つたことはないが、両親は揃つて傑物だから、本人に間違いはないでしょう」とこう

三宅一家と。前列左から花圃，雪嶺，多美子，正剛，
母トラ，父泰次郎（大正３年８月。中野泰雄氏提供）

いうのです。三宅というのは有名な雪嶺博士であり、お母さんはこれまた有名な花圃女史（歌人）である、そこで私はともかく三宅夫妻に会い、「中野という文武両道の達人だが、娘をやれといった」そうすると雪嶺は、

「それは面白そうだ、だが、年はいくつだ」というから、これこれだというと、

「なに、そんな若さで文武両道の達人だとすると、それは早熟早老だろう」と言う。これには私も一寸閉口したが、そのうちに、中野が自分で押しかけて行ったらしい。そして夫人の花圃女史が中野に会って一ぺんに気に入ってしまった。どういう点が気に入ったのか、後で聞いて大笑いになったことだが、その頃三宅の所に行く書生、つまり青年連中は、大体都会育ちの軟弱分子で、行儀作法は立派だが、骨っぽい奴はちっともいなかった。ところが中野は例の如く不作法な奴だから、そんなことは一向お構い

ない、花圃女史に最初に会つたときの話が面白い。何でもお茶受けに菓子が沢山出してあつたらしい。中野は花圃女史の前で、いきなりあぐらをかいて、菓子鉢の菓子を摑んで、むしやむしや食い出した、そして忽ちにしてそれを平げてしまつた。その不作法で、ものにこだわらない態度に、花圃女史は一ぺんに気に入つたらしい。そして両人の間で直接取引をしてしまつた。私は仲人をやつたんですが、私の知らない間に私をおいてけぼりにして、本人同志で直接取引をしてから私のところに持つて来たという始末であつた。

（『中野正剛は何故自刃したか！』）

新婚早々の同年八月、正剛は朝日新聞の京城特派員として朝鮮へ旅立つことになった。かねてから満州と朝鮮の実情を確かめて見聞を広めたいという希望を持っていたので、宿望を達した思いであった。正剛は植民政策を担当する総督府の役人から見聞するのではなく、自分自身で直接朝鮮の姿に触れたいと考え、各地を視察し「一瞥せる朝鮮の地方」（『我が観たる満鮮』所収）を書いた。韓国併合後三年を経過した植民地の実情である。

大邱郊外の「静岡村」で大仕掛けの果樹園を経営する日本人の話を聞いた。その経営者は、「朝鮮人は経済的で、賃銭は一日三十銭です。私の所では年に二百日しか必要としません。仮に一日三十五銭と見ても、一年に七十円です。人間一人を年に七十円で使役するなんて、残酷なようですが、生活程度が違います。年に七十円の賃金をもらえば彼らは優に一家五口を支えます。

彼らの食物は粟や麦、まくわ瓜、日本人の食い残した水瓜の皮や唐辛子味噌で、一人一日の生活費は三銭余、一カ月一円と見て年に十二円です。年に十二円で食える奴が七十円もらえば幸福ではありませんか。それに藁小屋を与えていますから、彼らは天国に行ったほど喜んでおります」と話した。そう言いながら彼の労務管理は体罰主義で、それがもっとも適合した方法だという。

正剛は、韓国併合後の日本の総督政治は総督府が宣伝しているように李朝政権の封建的な虐政を解放したのであろうか、実際は異なっている、と指摘し、次のように主張した。

「小農に資金を融通する目的で設けられた金融組合は、小農の救助にはならずに、かえって小農の生血をすする大農に凶器を与える始末になっている。小農保護の政策は採られず、小農は土地を売ってでも生活を守らねばならず、最後には乞食か路傍人足となって生きのびるほかはない。窮乏する朝鮮十三道の小農二百万戸に改良種の種籾を貸し付ければ、稲の増産と小農の保護に役立つ、耕作方法を改善すれば、増産もできるはずだ」

日本は韓国併合後、直ちに臨時土地調査局を設けて、日本人が手に入れた土地の所有権を法的に認めさせ、土地調査を終えるころには、すでに百町歩（百ヘクタール）以上の大地主は日本人の方が多くなっていた。

京城に帰ってから、正剛は京城中学の小寺甲子二先生を訪ねた。修猷館時代の校長である。柔道ばかりしていた時、「中学に入って三年も四年もたって英語が読めんとは何だ」と叱咤され、奮起して勉強したことを忘れてはいなかった。

小寺は植民に関する原書を読んでいて、朝鮮の産業を研究するならアメリカで近頃出版された『アリッド・カルチベェーション（総合耕作法）』という本を読めと教えた。正剛は、十年前の門人は今日においても学識では小僧に過ぎぬと感じ、さらに勉強の必要を痛感したという。

満州政策の混迷

正剛はさらに足を延ばして、大正二（一九一三）年十一月、満州の現実を「満州遊歴雑録」として「朝日新聞」に連載した。

朝鮮では朝鮮人がチゲを背負って重そうに歩いているが、満州では荒寥たる原野を「頑丈なる荷車に十数頭の馬・騾馬・驢馬・牛を繋ぎ長鞭を掉《ふる》いて大声で叱呼す。河原をいとわず、岩角をいとわず、途なき所を馬の蹄にて踏み破らんとするは支那労働者の勢いなり」と書き、安東から奉天への途路に見た働く姿に逞しいエネルギーを覚えている。

南満州では中国の主権が及ばず、欧米、中国、日本の勢力が入り乱れて、それぞれ利権の拡大を図っていた。正剛が奉天で不平を聞くと、治安について日本の都督府警察官と領事警察官、中国の警察官と中国兵、さらに日本の守備兵が加わり、この五者が入り乱れて紛争が絶えないという。日本の対応はというと、都督府と外務省と満鉄の三者が勝手に動いている。外務省が温和主義で事に当たると、都督府は領事を軟弱だと責めて威力を誇示する。満鉄は外交の巧拙が営業に影響するといって不満を述べる。正剛は「三頭政治か五頭政治かその矛盾相克は沙汰の限りに非ざるなり」と指摘、満州政策の「根本問題は三頭政治にある、しかも軍事力で植民地の権益を拡大することに腐心し、現地は軍人まかせの放任になっている」、「日本政府はまず統一ある政策を立て、都督には老朽軍人を当てるのではなく文官を任命し、都督によって三権を統一せよ」と主張した（『我が観たる満鮮』）。

日露戦争後、日本は関東総督府を置き、明治三十九年に改組して民政部と陸軍部からなる関東都督府とした。陸軍は都督に将官を就任させ、政府はそのまま満州政策を都督府（陸軍）と領事（外務省）と、鉄道付属地の行政に発言力を持つ満鉄に任せた。後に関東軍が独走して満州事変を勃発させたのも、実は都督に軍人を充てていたところに起因するものといえよう。

満州から京城に帰った正剛は、朝鮮総督府の明石元二郎警務総長の応接室で徳富蘆花と兄の蘇峰に会った。蘆花は初対面の正剛と明石中将の印象を「乗馬服を穿いた蒼い顔の荘紳士《わか》。明石さんの赭《あか》い烈しさに対して、此紳士は蒼い劇しさを具象して居る」と表現している（『蘆花全集』第十一巻）。

蘇峰は日韓併合後、朝鮮総督になった寺内正毅から韓国の新聞対策を依頼され、「京城日報」の監督として年に数回京城に来ていた。蘇峰は明石を「同心協力」、「快男児」と言い、しばしば総長室を訪れていた。正剛も修猷館出身の明石とは同郷の誼《よしみ》もあって、よく総長室を訪れ、蘇峰と面識を得ていた。

蘇峰は「その時分から君の言論は不羈奔放《ふきほんぽう》であった。ただし余は当初から君の才気煥発たると、その気魄の旺盛にして、積極性の渾身に充実したるとを見て、何となく君に嘱望するを禁ずるあたわなかった」と述べている。蘇峰の「対岸の火」を「舞文曲筆」、「偽忠君論」とまで酷評した生意気な論敵にもかかわらず、以来「余が君を愛好する許りでなく、余の亡妻をはじめ、余の一家を挙げて中野ファン」と言うほどまで親密になった（正剛会編『中野正剛は生きている』）。

正剛は「満州遊歴録」の連載に続いて、大正三年四月から京城耕堂迂人の筆名で「総督政治論」を連載した。

総督の寺内正毅は一九一〇（明治四十三）年の日韓併合直前に韓国統監に任命され、日本の憲兵を増やして韓国の警察を支配し、併合後は憲兵を中心に総督政治を進めてきた。朝鮮各道の長官には警察権がなく、彼らも憲兵から監督され、私的な行為まで総督に告げられる有様であった。正剛は「世の怨嗟の的になっている総督政治」の実情を明らかにした。そうして「総督政治の根本方針が監督・干渉主義に立脚しておれば、憲兵も警察も専制の凶器に変わりない」と述べ、「官治主義より自治主義に、監督主義より指導主義に、干渉主義より自由主義に総督政治の方向を転換すべきだ」と主張した。

大正三年四月、京城日報の記者勝田重太郎は船上で正剛に会い、正剛の記者魂にふれ、業務を替えた。勝田は京上に来る農商務大臣河野広中へのインタビューを命じられたが、うまくゆかず甲板にたたずんでいた。そこに正剛が来て、「よし、僕について来たまえ」と言って大臣の船室に入り、まるで友人同志のような口調で話し出したという。朝鮮の産業について三十分ほど大臣と激しい議論をした後、船室を出て「今の話を骨子に記事を書けば立派なものになるよ」と正剛が言うと、勝田は「私の力では到底記事にはできません」と答えた。すると正剛は「君には新聞記者の資格はない」と言って「これに肉をつけて原稿を作りたまえ」と、会談の骨組みを書いたものを渡した。

こうしてできた記事により、勝田は編集局長から賞されて金一封をもらった。それ以来、勝田は記者に見切りをつけて業務局に転じ、日本新聞界の大立物になったのだが、「思えば中野正剛氏の一喝により、私は迷夢から醒め、生涯の道を誤まることなくして済んだ」と回顧している。

イギリス留学

京城時代、正剛は自分の収入一つで東京の父母弟妹と京城の家庭を支えなければならなかった。京城赴任の翌年に長男克明が生まれ、新家庭は決して楽ではなかった。しかし、正剛は「総督政治論」を書いて以来、世界を見ようとの意気ごみで真剣に勉強した。父親となり来年は三十である。「こんなことをしていてはおれぬ」との心境を古島一雄あての手紙に書いている。

そんな時、「日本及日本人」に載せた「木堂勿屈《くつするなかれ》」の一文が、東京と大阪の反犬養派の記者の間に波紋を呼んでいた。正剛は古島あてに「小生を国民党に偏する人物にて、社の実力を握らするは危険なりなど申し出る由、小生は天下の政治を論ずるに眼中木堂なし、攻撃もすべく弁解もすべきに、さりとは社内に官僚熱高まりたりと呆れおり候」と書いた。続く便で、新聞社を辞めて洋行すべき思いを綴り、「社の金によらず私費で行きたく、老兄より頭山先生へお話あり、頭山先生の意を受けて安川氏（第五郎の父敬一郎、福岡の炭鉱主）に御相談かなうまじきや」と金作を依頼した。

古島の斡旋で留学費用の見込みがついたので、早速、京城から朝日新聞社に退社の意思を申し出た。しかし、なかなか辞令が出ない。正剛は待ち切れず、大正三（一九一四）年の暮れに強引に帰朝し、翌年二月、ようやく私費欧州留学の正式辞令を受け取った。

ロンドン留学時の中野正剛
（大正４年。中野泰雄氏提供）

念願叶った正剛は、三月十二日、旅費を援助してくれた三浦梧楼将軍や三宅雪嶺らの壮行を受け東京駅を出立、神戸では大阪朝日新聞編集局長鳥居素川や社会部長長谷川如是閑らに見送られて出帆した。先輩から「帝国の一人物として世界の大勢を達観し来れ！」と励まされ、「我三十にして帝国の我に関わるを自負せん」と決意を新たにした。

日本は前年の八月に第一次世界大戦に参加していたので、乗船した諏訪丸は、上海を経て植民地ばかりが続く東アジアやインド、アラビアの沿岸を通り、ドイツ潜水艦Uボートの危険にさらされながら、飛行船ツェッペリン空襲下のロンドンに向かった。

五十余日間の船旅と寄港地の見聞を通して得た心境を、正剛は船中日記をまとめた「亡国の山河」に吐露した。

> 国亡びて山河在り、城春にして草木深し、嗚呼是れ何等悽愴《せいそう》の言ぞや。神戸を解纜してよりマルセイユに着するまで、其の経る所は皆亡国若《も》しくは半亡国なり、而して此等亡国の民は皆吾人と思想感情文明の系統を同じうする有色人種にして、此等を征服し此等を利用する優勝者は、皆吾人と祖先を異にし文教を異にする白人なり。吾人は白人に対して怨なく、白人の教を受くるに吝《やぶさか》ならず。されど彼れヒューマニティーを叫べば、我にも人道主義の声あり、彼我の揚言《ようげん》する所を実行せんとならば、世界に人種的不公平あるを許すべからず。斯くて余が渡欧の旅行記は、期せずして人種的偏見を呪う無韻の叙情詩となれり。
>
> （『世界政策と極東政策』）

これまでに正剛が身につけた藩閥打倒・護憲運動への情熱と辛亥革命への共感に、今また新たに「民族の平等と自由の認識」が加わった。シンガポールに上陸して埠頭に立つ英人スタンフォード・ラッフルズの銅像を見上げた時、正剛は「異人種の圧迫を排し、東西の人種を同じ水平線の上に立たしむべき」との思いに駆られた。寄港地はすべて植民地である。正剛はアジア諸民族のナショナリズムと反植民地主義に目を開かされ、「これからの世紀は有色人種が白人の羈絆《きはん》（束縛）を脱すべき時代」だとの認識を新たにした。

この船旅は、正剛に自己の使命が何であるかを強く自覚させるものとなった。

日本人クラブでの論争

イギリスから長男克明あてに絵葉書が届いた。「今日は御前の最初の端午なり、八幡太郎の絵葉書は縁起よかるべし、大正四（一九一五）年五月五日午前七時（ロンドン着記念）」

東京牛込の借家では、五十八歳の父泰次郎、四十九歳の母トラ、二十一歳の弟泰介、十七歳の末弟秀人、二十一歳の妻多美子、一歳を迎えた克明の六人家族が正剛の安否を気遣い手紙を待ちわびていた。家族への第一信は、「ロンドン着後、何も変わったことなし。毎日新聞五、六種を精読することが日課也」と始まり、続いて、下宿のお婆さんのことや周辺の公園が散歩によいこと、大使館やタイムスのブック・クラブに行けたことなどが書き綴られ、「克明もこの手紙の着く頃は歩き出すべしなど思う。御両親様はじめ御前様も元気なりや、留守中は別して自重せられたく祈りおり候。ロス（犬名）は全快せしか。大きくなりしか。この地連天の降雨、冬服にても寒き也。ストーヴ燃やすこと殆んど毎日也」などと認められていた。

　留学の目的は、第一に英語が早く読め、第二に自由に話せるようになること、第三に欧州の大勢を見聞することであった。ロンドン北部のハムステッド・ヒースの下宿での一、二週間、イギリス人の会話は正剛の耳に入りにくかった。さいわい下宿のお婆さんが正剛によく話しかけてくれ、毎日、本や新聞を読んでいたところ、一カ月近くたったある日、突然話せる自信がつき応対ができるようになった。「ミスターナカノは、家に初めてきた時には、英語が少しも話せなかったが、私が教えてあげたので、このごろでは上手になりました。こんなに物覚えが早い人は珍しい」と、下宿を訪ねてくる人ごとに話すお婆さんの自慢話を正剛は苦笑しながら聞いた。二年間の留学は「勉強するより外他念なし」と、ひたすら語学と見聞に努めた。

　ある日、文部省派遣の早稲田大学教授・杉森幸次郎は、日本人クラブにおける早稲田出身の新着者歓迎会に出席した。その席上、出席者のほとんどすべてを相手に論争に熱中している見なれない青白い顔の青年を見かけた。日本が第一次世界大戦に参加したことの是非論で、その中で青年ただ一人が、もし戦争に加わるにしてもイギリスの要請を受けて腰を上げた方がよかったと主張し、東洋におけるドイツ権益の利を得ようと先走りした大隈内閣を批判していた。その青年が正剛であった。論戦の成り行きを観望していた杉森は、いつしか正剛に味方して論戦に参加した。それが機縁で二人は無二の親友となった。

　教授たちの会合などに積極的に参加している杉森に刺激された正剛は、遠慮をやめて一人でロ

東京・原宿の中野家（中野泰雄氏提供）

ンドン大学に行って教授に面会したり、ロイヤル・アカデミーで現代画家の絵を見たり、ナショナル・ギャラリーに行ったりした。

「人間は刻苦勉励の意気込みを失いたる時、総て堕落に向かうべく候。一寸絵を見ても、英国の勃興と頽廃とかは察せられ候」、「今日は午後よりロンドンの模範中学を参観する予定に候。明日は、英国の有名なる哲学者の討論会あり。それに日本の『有名なる政論家』（いかにも滑稽）という資格にて参列（実は傍観）する約束に候」と家族に書き送っている。

このような留学生活を通して、主目的の英語学習はほぼ達成できた。しかし、英国の国情や国民性についての勉強では得ることが少ない。「調べれば調べるほど駄目にて政治家、学者、書生、皆駄目、この国は富貴と高慢にて腐れおり候」。そんな感想を「大国の退廃を学ぶ勿れ」との論文にして、三回続きで「日本及日本人」に送っている。

九月、下宿をロンドンからオックスフォードに移し勉強も本格的となった。その便りに「折角計画せしドイツ語の研究は駄目」、「仏語は少しく始め候」、「英国南部への旅行は小規模と相成り候。仏国行きは今少し仏語が出来て後、来年の二月頃には致すべく候」とある。

十二月の手紙では正月の末にフランスへ行き、イギリスに帰るのは五月ごろ、九月前に渡米して「帰国也」と書かれていた。しかし、翌五年一月の手紙には、「もはや欧州を卒業すれば也。グズグズする時に非ず」と、帰国予定を繰り上げている。

四男泰雄は繰り上げの理由を「欧州を卒業というより、留学の費用を病母の療養のために充てたいと考えていたのではないかと思われる。父の手紙はいつも母の病気を気遣い一喜一憂していたので」と述べている（『政治家中野正剛』）。緒方竹虎も「人一倍母思い」であったと言っている。留学中の新聞社からの給与は八十円で、留守家族六人を扶養していくことは容易ではない。

留学中も雪嶺の雑誌に毎号執筆していたのは、稿料が生計の足しになったからであろう。

大正五年の一月末から、正剛はフランス、スイス、イタリア、スペインを歴遊して、四月にアメリカへ渡った。ニューヨークから「母上様もまずは無事に御快復に向かわせられ候由」との安心した手紙が届けられた。

六月十六日付の手紙には、七月八日にサンフランシスコ発で帰国する予定と記されていたが、七月二十二日付の記事が八月二十三日から連載されているので、実際の帰国は遅れている。正剛は洋書を多く買い込み、「正に男児飛躍の時也」との新たな抱負のもとに、一年半振りに帰国した。

衆議院議員初挑戦

第一次世界大戦に参加していた日本は、大正四（一九一五）年一月、青島攻略を機に満州・内蒙古（モンゴル）における日本の権益強化や山東省におけるドイツ権益の継承などを内容とする対華二十一箇条の要求を提出し、正剛留学中の同年五月、袁世凱政府に強制的に受諾させた。このため中国各地で反対運動が起こり、アメリカをはじめ外国の批判も強くなった。それでも参謀本部（陸軍）は大隈内閣の対中国政策は手ぬるいとして、満蒙の独立を目指し、袁政府の崩壊を画策した。

当初大隈内閣の成立を歓迎していた世論は、特別議会で二個師団増設案を成立させ、元老と軍部の言いなりになる大隈内閣を攻撃し始めた。政党嫌いの元老山縣は、好機到来とばかりに大正五年十月、大隈内閣を総辞職に追い込み、山縣閥の朝鮮総督寺内正毅を後継首相に推薦、寺内は政党抜きの超然内閣を組織した。同月に結党した憲政会は、政党を基礎としない閥族内閣として反対したが、政友会は党勢回復のため寺内内閣の支持に回った。

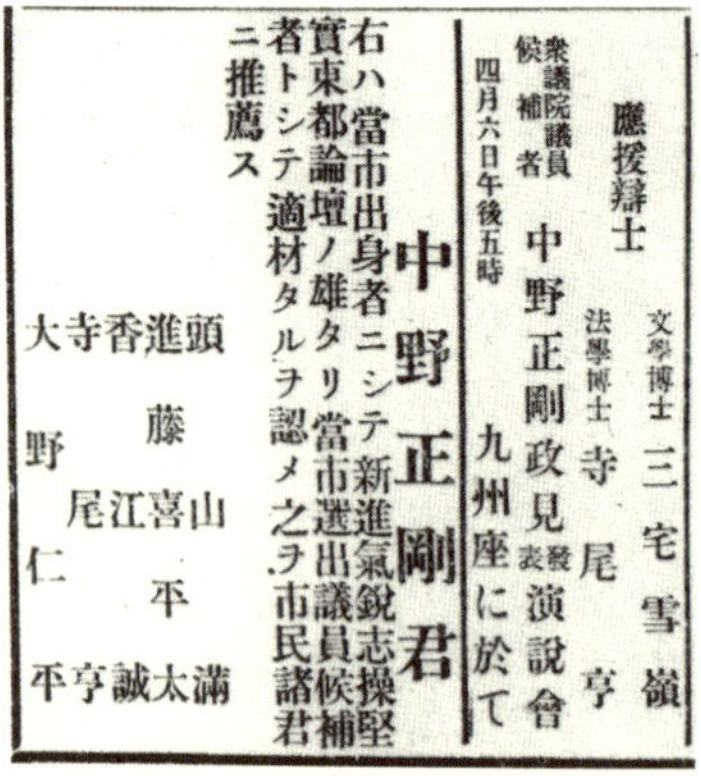
應援辯士　文學博士　三宅雪嶺
法學博士　寺尾亨
衆議院議員候補者　中野正剛政見發表演説會
四月六日午後五時　九州座に於て

中野正剛君

右ハ當市出身者ニシテ新進氣鋭志操堅實東都論壇ノ雄タリ當市選出議員候補者トシテ適材タルヲ認メ之ヲ市民諸君ニ推薦ス

頭山満
進藤喜平太
香江誠
寺尾亨
大野仁平

中野正剛立候補の推薦公告（進藤家提供）

正剛が帰国したのはこうした政権交代のさ中であった。正剛は世話を受けた頭山満、三浦梧楼、犬養毅、古島一雄、安川敬一郎、岡崎邦輔などへの挨拶に廻るとともに、寺内内閣反対のためなら協力もやぶさかでないと考え、政友会総裁の原敬を訪問した。

大正五年十二月、正剛は朝日新聞社を退社した。その後、雑誌「東方時論」の社長から主筆の要請を受けたのでこれを引き受け、翌六年の一月号から執筆を始める一方、総選挙に立候補する準備を進めた。

大正六年四月、まだ早いと言う人もいたが、三十二歳にして福岡市から立候補した。原敬も長老の岡崎邦輔も政友会に入れば大いに応援すると言ったが、正剛の政治的立場は国民党の犬養に近く、寺内内閣を支える政友会に入党する気はなかった。憲政会からも入党の勧誘があったがこれも断り、無所属中立を表明して選挙に臨んだ。対抗馬は、後に「電力の鬼」と言われる政友会系の松永安左エ門と中学同窓の宮川一貫であった。松永陣営では、正剛の名が天下に轟いていたので緊迫する選挙戦を覚悟した。当時の選挙は直接国税十円以上の納税者の男子が選挙権を持つ制限選挙制で、名士・名望家選挙と称されていた。そうした選挙に正剛は言論戦を挑んだ。結果は次点で松永に敗れたが、選挙に言論戦を持ち込んだことで、市民の関心を大衆選挙へ広げることに大きく貢献した。

総選挙の結果、政友会は思惑通り第一党となり議会勢力を逆転させることに成功した。政党が成立して三十五年、このころにはすでに政党政治の基盤は十分整っていた。にもかかわらず、政友・憲政の二大政党は敵対と政権欲に明け暮れていたため、そこに政党嫌いの元老山縣と軍部、官僚に乗ずるすきを与えた。その後、軍部の政治介入、さらに軍部と「新官僚」の癒着が生じて歴史を大きく誤たせる要因となる。

寺内内閣は、大隈内閣の対中国外交を失敗として、超党派外交を名目に「臨時外交調査会」を設けたが、内実は政党諸勢力の懐柔と官僚内閣の強化、保身にあった。委員として、政友会総裁原敬と国民党党首犬養毅らはこれに応じたが、憲政会総裁の加藤高明は参加しなかった。

そんな中、対外情勢が激変した。中国では袁世凱が没して軍閥が割拠する北方派と、孫文が率いる国民党の南方派に分裂、南北抗争の動乱時代に向かった。ヨーロッパでは第一次世界大戦さ中の一九一七年、連合国側のロシアで革命が起こり、ソビエト政府（ソ連）が成立してドイツと単独講和を結んだ。他の連合国は革命の波及を恐れて武力でロシアに介入しようと図った。

筆陣「東方時論」

大正六（一九一七）年四月、総選挙の後、正剛が主幹となった時論社には、同人として内藤虎次郎（湖南）、若山牧水、吉野作造、永井柳太郎、緒方竹虎らが名を連ねた。後援組織として「東方会」が結成され、三宅雪嶺をはじめ、財界、陸軍、大蔵省、外務省、学会から錚々《そうそう》たる面々が集まった。この時論社が発行する「東方時論」誌を通じて、正剛は本格的な論戦を展開した。

まず七月号で「臨時外交調査会」を不徹底と論じ、八月号では中国における南北の分裂が列国と日本の衝突を導くと警告、政府の北方派政府支持を批判して、「中国の統一を助けてアジア共存の大計を樹立せよ」と主張した。

翌七年一月号の巻頭言では、中国の南北内戦に対する中国国民の動きと南方派を見ようとしない寺内内閣に、ロシア革命への対応について同じ轍を踏まないようにと警告、そうしてロシアを歴史的、思想的、経済的に判断しながら、対ロ外交の方向について「事後に臍《ほぞ》を噛まぬよう親善の策を講ぜよ」と提言した。さらに本欄では、「彼等に国策なく憲政なし」と題して為政者の無策無能と軍事先行を批判した。

寺内伯は時局の真相を捉うる明がなく、側近の進言のままに動いている。まずその主体性のない人間性に対支外交の根本方針を誤る第一歩がある。外交の実態は寺内と同郷の参謀本部次長田中義一中将の「半秘密的対支意見書」に基づき、右は宗社党（清朝復活派）にくみし、左に革命党を助け、昨は侵略主義を高調し、今は日支親善を絶叫するが如き変幻奇怪の名論をなし、一貫した信念も施策もない。要は参謀本部に左右される寺内内閣の自主性のなさが日本を過またせる。

（「東方時論」大正七年一月号）

寺内内閣はこうした批判も憂慮もよそに、一月にウラジオストクに軍艦を入港させて革命への干渉を始めた。正剛は四月号本欄で、「霞ヶ関は他力の恩恵を考えて連合諸国の説を聴くばかりになっている。新聞も外国の伝導に動かされて我が国独特の立場を忘却して片言隻句の外交を進めている」と論じて、自主的、大局的判断ができない日本外交に覚醒を促した。参謀本部と外務省はロシア革命の波及を恐れる連合国に同調し、シベリアを日本の勢力範囲に取り込もうとの野心のもとに、シベリア出兵を企図していた。アメリカは当初日本の出兵に同意していなかったが、七月になってチェコ軍救援の名目でようやく共同出兵を提議してきた。

正剛は七月号で、アメリカは「警戒的看守」から「傍観的中立」へ、さらに「好意的声援」に変わり、レーニン政府を援助し「日露を割《さ》きて米露の親交を固くせんとの政策に従事するに至りたり」と警告した。その論点をもとに寺内内閣のシベリア出兵の意図に反対し、自主外交に立脚してレーニン政権を承認するよう、その必要を迫った。だが、寺内内閣は八月二日、シベリア出兵を宣言した。正剛は直ちに八月号で、「国民を信ぜずして英米を信じ、自主的に発動せずして、随伴的に蠕動《ぜんどう》す。既に無方針にしてご都合主義なり」、「驚くべし」と書き、寺内内閣と軍閥及び外交調査会参加の面々と「是々非々の原敬氏とは、定案なしに会合し、無方針に擬議（相談）し、便宜本位に妥協し、国家の兵を動かすこと飴細工をなすに異ならず」と手厳しく批判した。

経済界は第一次大戦の景気で一時好況を呈したが、その後、通貨が膨張して物価は高騰、賃金と米価は急落し、国民には不満と反感が鬱積していた。そのうえシベリア出兵の動きから投機商人や大地主が米を買い占め、七月下旬に米価は一転して急騰、富山県で漁師の主婦たちが米の安売りを要求し、これが「米騒動」として全国に波及、軍隊を出動させて鎮圧する事態となった。

世論は寺内内閣の非立憲性を「ビリケン（人形）内閣」と揶揄《やゆ》し非難していたが、寺内は政友会の支持で命脈を保ちながら言論強圧の態度をとっていた。しかし、ここにきてシベリア出兵と米価問題に対して世論の総反撃を招き、無策無能内閣として総辞職に追い込まれた。

元老山縣は元老西園寺に組閣させようとしたが、西園寺はこの際、政党内閣に踏み切るほかないと言って、政友会総裁の原敬を推した。山縣も時勢とあきらめ、政権は原敬に移った。

大正七年九月、原敬は、陸・海軍と外務以外の大臣はすべて政友会員から選んで組閣した。史上初めて華族でない者が首相になったことから、憲政会も国民党も原内閣の成立を政党の勝利として歓迎、世論も「平民宰相」と呼び、「民衆の時代」の到来・象徴として大いに期待した。

同じころ、時論社では社長の病気辞任で正剛が社長になった。

講和会議を目撃して

大正七（一九一八）年十一月、ドイツが降服して第一次世界大戦は終わった。翌八年一月、正剛はヴェルサイユ講和会議に東方時論の特派員として参加することになった。ところが講和会議の全権大使がなかなか決まらない。正剛は何の準備もない情況と官界における人物の欠乏を憂い、「その根本的誤謬《ごびゅう》は閥族の縦社会における独占的人選にある」として、「その因習的慣例を打破せよ。そのために文官任用例を改正して天下に有為の人材を求めよ」と主張した。さらに日本が講和への方策を持たないのは、「連合諸国との協力を常套語に、『先方の出ようにて』対応するという白紙主義なる原首相の口吻《こうふん》に原因する」と述べて、内閣の指導性と主体性のなさを痛撃した（「東方時論」大正七年十二月号）。

講和会議に出席したのは副全権の牧野伸顕であった。会議では、クレマンソー（仏）、ロイド・ジョージ（英）、ウィルソン（米）らを前に、日本全権の言動は「羊を闘犬の群れに交うるもので、脇役にすらなり得ない情けない姿」で、その有様は、正剛のみならず特派員の記者たちが等しく認めるところであった。正剛は英米の大国主義に一歩も譲らないクレマンソーのナショナリズムに共鳴し、日本全権の態度に切歯扼腕《せっしやくわん》した。「日本全権は国際的な政治感覚に乏しく、外交手腕もまことに拙劣である」。そう言って憤然と帰国した老記者に続き、正剛もパリを去った。

正剛がパリからロンドンに入って後、全権の西園寺がようやくパリに到着した。正剛が確聞したところによると、内閣が西園寺を講和大使に任命した時、原首相は西園寺がいつ出発するかも知らず、西園寺も出席を急ぐでもなかった。海軍省と軍令部は軍艦を派遣し、全速力で航程を急がせようと提議したが、その提議は実行されず、五十日を費やしてマルセイユに到着した。正剛は帰国の前夜、「旭日旗陰薄し」を書き、次のように結んで講和会議報告の続編とした。

虎のクレマンソーは齢《よわい》正に七十六、将《まさ》に消えんとする仏蘭西の死灰を掻き起し、世界の英雄を睥睨《へいげい》して、光栄ある仏蘭西の為に気を吐く万丈なるに対し、我西園寺侯は未だ功を立てずして大勲位となれり、千里を使するに際して妾婦を伴えり、料理屋の主人を伴えり、六枚の畳を携えたり、絹の布団を齎《もた》らしたり、悠々閑々として瀬戸内海に月を賞したり。嗚呼是れ何の為体《ていたらく》ぞや（略）。（老廃者流を一掃して能力の大動員を行い）新人物にして大いに実力を発揮せずんば、世界の大潮流は、進んで蜻蛉洲（日本）の岸を洗い、老朽、若朽、総ての朽木と糞土とを洗い流し去るべし。（略）風雨の将に本国に襲来せんとするを知ればなり。能力総動員の将に開始せられざるべからざるを知ればなり。（「東方時論」大正八年五月号）

正剛は、長期間の留学を終えた親友の杉森とともにロンドンから帰帆した。途中、シンガポールに立ち寄った時、万歳事件（朝鮮の三・一独立運動）の報に接し、民族自決の世界的思潮が朝鮮全土に流れ入るのも怪しむに足りないと感じた。

帰朝後の大正八年五月、大阪毎日新聞の主催で、「講和会議の表裏」と題する講演会が大阪市中央公会堂で行われた。同紙は「長身痩軀《そうく》、精悍《せいかん》の気を眉宇《びう》にたたえた中野が五千の聴衆の嵐のごとき拍手裡に登壇して行った講演を、聴衆は稀有の緊張をもって聴き耳を立て、喝采し、この若き熱烈なる論客のために敬意を表した」と報じた。その講演速記は「大阪毎日新聞」に連載され、「大阪朝日新聞」は正剛の「講和会議を目撃して」という論文を連載した。その論文について正剛は、「後世史家の参考に資すと雖《いえど》も、豪も憚《はばか》る所あるを知らざり」と自信のほどを示し、これを時論社から出版した。すると、それがベストセラーとなって十数版を重ね、ますます正剛の名声を高めることになった。

政治家を目指す（大正九－昭和八年）

政界出馬

原敬内閣の成立（大正七年）は、平民宰相の出現として国民の期待と注目を集めた。一方、政党勢力の伸長とともに選挙による政党間の争いが熾烈となり、選挙資金を通じて資本家階級が政治に影響を与えるようになった。また、米騒動を発端とした労働運動が民本主義的普通選挙運動と結びつき、労働者と学生を主力に普選運動は全国的に発展した。

原内閣は、選挙資格の納税額を十円から三円に引き下げ、有権者は総人口の五・四％（前回二・六％）と増大したものの、大選挙区を小選挙区に改めて普選運動を抑えようとした。さらに選挙区も与党政友会に有利な区割りにしたため「ハラマンダー」と非難され、普選運動は一層強くなった。憲政会と国民党は納税資格をなくす普通選挙が必要だと主張し、大正九（一九二〇）年二月、普通選挙法案を議会に提出した。原首相はかねてから政友会の絶対多数を目指して解散の機会をうかがっていたので、早速「本案提出の底には、今の社会組織を脅かす不穏な思想がある」との理由を掲げて議会を解散し、五月に総選挙を実施した。

政友会は選挙戦を通じて、「普選をやれば、みんなの財産はとられて貧乏人に分配される」と宣伝した。憲政会と国民党は普選運動が有権者に十分理解されていないと考えて普選を強調せず、選挙結果は政友会の圧倒的勝利となった。

正剛はこの時の総選挙に再び無所属で立候補した。今回は九州電気協会会長に就任した政友会の松永安左エ門との一騎討ちになった。正剛の応援には、国民党系の県会議員や市会議員、恩師の柴田文城のほか、東京からも犬養や杉森孝次郎らの学者や新聞記者が来て弁説を振るい、白熱した選挙戦が繰り広げられた。

選挙資金と名望においては松永に到底及ばなかったが、言論戦で勝り、後半になると正剛の人気は松永を引き離していた。開票結果は正剛の圧倒的勝利となった。「九州日報」は、その勝因を「松永陣営は軍人団の利用、反対候補への罵倒などで有権者、市民一般に嫌悪感を与えた」、これに反して「中野の人気は天真爛漫な児童の胸に映じるまでになり、無形の同情と声援とが市中一帯に瀰漫《びまん》せし表徴を見るに至った」と伝えている。

総選挙後まもなく、日本のシベリア駐兵はアムール河口のニコライエフスク（尼港）で惨劇に遭遇した。英、米、仏撤兵後も日本は特殊権益を得ようとして駐兵を続けていたが、一九二〇年三月、同地で反革命の白露軍がパルチザン（革命軍）に撃退されたので日本の守備隊が前面に出て戦闘になった。日本人居留民も戦闘に参加したが破れて捕虜となった。五月の解氷期を迎えて日本軍が尼港に迫ると、パルチザンは日本の兵士と居留民の捕虜百二十二名を斬殺して撤退した。日本は事件の賠償を口実に、兵力を増強して沿海州の一部と北樺太を占領した（尼港事件）。

原内閣はこの事件を「尼港の惨劇」と称し、パルチザンを残虐・鬼畜と宣伝して戦意の高揚を図った。しかし、国内の非難は高まり、さらにソ連の怨恨と列国の不信を招き、反日感情を高じ

大正９年，初当選時の中野正剛（中野泰雄氏提供）

させる結果となった。

七月の特別議会に正剛は議員として初めて登壇し、「尼港問題審査会設置決議案」を提出して説明演説を行った。

正剛はシベリア出兵以前からロシアに対する干渉を非とし、出兵の推進力となった参謀本部の独善や外国に頼まれて出兵することを批判してきた。その延長線に立って尼港問題の真相究明を求め、政党内閣としての原内閣が軍閥に引きずられていること、軍の統帥権がいかに用いられているかなどの問題点を列挙し、尼港問題審査のために特別委員会の設置を求めて演説を終えた。

賛否演説の後、原首相が裁決を求める演説を行った。その中で正剛の演説を「想像し、敷衍《ふえん》し、断定しておられる」と反論し、「要するに先刻言われただけの演説を為されば、中野君の目的は達せられているのではないかと思う」と言って一年生議員の初の演説を一蹴した。提案の「審査会設置」は憲政会と国民党の支持は得たが、政友会の多数の力で否決された。筋道や正論よりも、策略と打算、多数の力が支配する議会で、正剛は挫折感を経験した。問題点のすり替え、隠蔽、黙殺、その場しのぎの言い逃れの答弁、政党のセクショナリズムを目の当たりにして、政党と議会、議員のあり方について新たに問題を感じずにはおれなかった。早速、「新政治運動の新機軸」と題し、「今後の政党は従来の政党と組織を異にせねばならぬ」としてペンを執った。

少数専制の旧思想に囚われたる既成政党は大概政商と結託して党費を工面する。これに対し民衆を基礎とする新政党は、零細なりと雖も党員各個の拠金により、党員各個の努力により、党勢を張る方針を執らねばならぬ。一、二の政商と結託し、三、四の富豪を利用するより、天下万衆に向って努力と義捐《ぎえん》とを求むる方が、その根底は遙かに堅い。（略）一切の会計を公開して、表裏両面とも公明正大なる進退をなさねばならぬ。（「東方時論」五巻九号）

正剛の脳裡には、普通選挙による国民政党の実現が描かれていた。

正剛の見た満州・朝鮮の実情

大正九（一九二〇）年の特別議会が終わり、正剛は十月下旬から朝鮮・満州の視察旅行に出かけた。京城特派員時代から七年経過した今日、朝鮮も満州も激しい変貌を遂げていた。その見聞を「満鮮の鏡に映して」と題して、五十回にわたり「国民新聞」に連載した。

当時の中国大陸
黒龍江
ソヴィエト連邦
ハイラル
満州里
黒龍江省
松花江
チチハル
満州
外蒙古
ハルビン
新京
吉林
牡丹江
ウラジオストク
吉林省
察哈爾省
内蒙古
熱河省
遼寧省
通化
羅南
遼江
奉天
興南
百霊廟
徳化
綏遠省
安東
日本海
錦州
綏遠
北平（北京）
寧夏省
黄河
平壌
天津
大連
旅順
河北省
太原
京城
関東州
朝鮮
済南
青島
山西省
山東省
黄海
延安
甘粛省
陝西省
黄河
徐州
洛陽
江蘇省
西安
河南省
安徽省
日本
湖北省
南京
上海
漢口
杭州湾
長江（揚子江）
四川省
杭州
寧波
武昌
東シナ海
重慶
浙江省
南昌
長沙
湖南省
江西省
福建省
貴州省
福州
貴陽
台北
桂林
廈門
台湾
広西省
広州
広東省
南寧
香港
南シナ海
海南島
フィリピン

満鮮には窶《やつ》れ果てたる大和民族の影が映って居る。大観すれば間島に不逞鮮人は居ない。賊は山中に在るでなく、皆な頽廃せる我同胞の心中に潜む。今日我が実行政策上の急務は、暴徒鎮圧ではない、間島駐兵上の言い掛りを捏《こ》ね出すことではない。学校や公会堂を焼くことでもない。憲兵制度の復活では猶更ない。胸中の照魔鏡を研ぎ澄まして、危険思想よりも遙かに忌むべき卑劣思想を一掃することである。国民的大反省の後に、国民的大信仰を樹立し、武者震いして、国際場裏に正義人道を躬行実践することである。（略）若し我日本国が真に之を提げて亜細亜大陸に起ったなら、支那、露西亜、朝鮮の人の心は、磁石に対する鉄粉の如く、先を争って其の旗下に吸い寄せらるるであろう。（『満鮮の鏡に映して』）

こう書き出し、朝鮮在留の日本人有志家たちと会談した際に感じた日本人の卑劣思想を手厳しく指摘している。

会談の場には新聞記者、漢学者、新知識人がいたが、揃いも揃って朝鮮人圧迫論であり、「朝鮮統治は小理屈に及ばぬ、コレあるのみ」と言って拳を振り上げてみせた者も、熱心な忠君愛国者であることを自負していた。そこで正剛は彼らに応戦した。

「明治天皇は日韓併合の詔勅に、一視同仁と仰せられた、されば朝鮮人は陛下の赤子である、然るにコレとは何事であるか、そんな男に対しては、我輩が逆にコレを以て明治天皇の為に成敗してやりたい」

このような日本人が弱者を卑劣視し差別する思想は、朝鮮だけでなく中国に対する日本の外交思想にも現れているとして、次のような孫文の言葉を紹介している。

「支那人の排日は日本人が伝授したのだ。日清、日露両戦役の後に支那人は日本から強請せらるるままに要求を容れてしまった。しかし、極東の優秀権を把握したと称する日本が、何時も英米に対しては意気地がない。支那には無理を言うが、英米に対しては正義すらも主張し得ない。支那人には拳を振り上げて迫ってくるが、英米から叱られると尾を垂れて引き下がる。そこで支那の政治家は日本と交渉する場合には決して正面から争わない。ひそかに英米の背後にまわって援助を求める。求めに応じて英米の公使が干渉を始める。鶴の一声、効験神の如しで日本は意気地なく膝を屈してしまう。だから親米排日、親英排日は政界一般の傾向となる。日本人は日支親善を口にしながら、支那人を苛めて欧米人に叩頭《こうとう》する。そこで支那人は欧米人に頼んで日本人を抑えてもらう。このようにしたのは日本人自身で、排日の発端は日本人からはじまったのだ」

朝鮮問題を日本人自身の問題と考えた正剛は、朝鮮の三・一の独立運動は日本に対する怨恨と怨嗟の結晶であることを理解しなければならないと言い、日本人の卑劣思想の克服とヒューマニズムをうながしている。

現代日本には、特殊の権威に服従する道徳は教えられてあるが、人間を尊重し、人間を愛する道徳は確立して居ない。自ら尊重し、他を尊重し、自ら愛し、他を愛し、人間其者を最終の目的とする大自我が大和民族各の胸中に即位せざる限り、朝鮮人に対して愛を説く資格はない。文化政策を口にしても、それは官僚の遊戯に過ぎぬ。朝鮮問題は究極日本人心の改革問題に帰結する。国粋論者は改造の文字すら忌むであろう、それなら復活と云うてもよい。千万人と雖も吾往かんという大個人主義を以て、今日の屈従道徳に代うることが、朝鮮統治問題の要点である。大個人主義といえば、又々頑冥者流の誤解を招くであろう、それなら俯業天地に愧じざる男一疋になれと注釈して置こう。（同前書）

卑劣思想と権力・差別主義によって屈従道徳を強いる日本人の態度や朝鮮統治のあり方に義憤を感じ、警鐘を鳴らさずにはおれなかったのである。

「東方時論」は朝鮮の有識者たちにも広く読まれていた。京城、平壌、安東、釜山などの講演会で、講演の後に訪ねてきた朝鮮人の青年たちと正剛は夜半まで語り合うことが多かった。

ある朝鮮人教育家の来訪を受けた。その教育者は「教育方針の根本義に対して本音を伺いたいのです。朝鮮人教育の方針は独立でしょうか、自治でしょうか、今までのように総督府謳歌ということでしょうか」と切り出した。そして「朝鮮人の子弟が学校に行くと、一日目に教わることは日本のえらいこと、二日目は朝鮮の駄目なことで、三日目に教わることは日本人に対する服従です。朝鮮人は日本人を救済主と仰ぎ、従順でなければならぬと。いかに朝鮮の子供でも、これでは愉快に感じません。朝鮮も腑甲斐なかったから亡国になりました。しかし、その朝鮮にも人の道があり教えがあります。児童の自負心を傷つけては、かえって感情を害してしまいます。これ以外に教育方針はありませんか」と、静かであったが底力に満ちた声で続けた。

正剛は「日本でも支那でも、英米仏でも朝鮮でも、教育の根本義に二つあるべき理由はない。教育は独立自主の人を造るにある。これ以外には何処の国に行っても教育方針の立て方はないではないか」と答えた。すると朝鮮人教育家の顔色は見る見る変わり、「貴方は日本人としてそんなことを言われてもよいのですか、独立自主の人を造るのが鮮人教育方針だと……」と反問したという。

正剛は次のように書いている。

これは鮮人に向って語るだけでなく日本人に向って訴えねばならぬ。(略)仮令日本の現社会で不適当でも著者の信念は曲げられない。教育は人間を造るのである、完全なる人間は独立自主である各《おのおの》の人間が各完全なる人格を備え、押しも押されもせぬ個性を発揮することが、畢竟其の社会を完全にする所以である。(略)人間が各々人間味を極めれば、異なる形に於て、共通の音諦が出る。日本人と朝鮮人とが各々独立自主の大人格を陶冶すれば、そこに共通の人間味が発揮せらるる。これより以外に教育方針はない筈だ。(同前書)

ほかにも朝鮮人有志と教育論を交えたが、正剛が語る独立自主の人間尊重と、個性尊重の教育は彼らに大きな驚きを感じさせた。

正剛はまた、ある座談会で日朝関係を論じた後、「諸君、独立とは独りで立つと書いてあるではありませんか」と呼びかけ、「独立を欲する朝鮮人が、米国議員に哀訴して同情を乞うとは何たる醜態でありますか。舜《しゅん》も人なり、我も人なりというのが東洋本来の思想ではありませんか。米人も人なり、我も人なりとなぜ叫びませんか。日本人にも支那人にも朝鮮人にも、奴隷思想が取れませぬ。これがアジアの今日振るわない所以です。お互いにこの卑劣思想を一掃することが何よりの急務です」と、東洋人の卑屈・卑劣の根性を戒めるとともに、独立・自主の気概を鼓舞した。

さらに『満鮮の鏡に映して』には、北韓山のピンディ（南京虫）という昔話が植民地の現実として象徴的に綴られている。

その昔、北韓山に多くの寺領を持つ裕福な寺があったが、来る住職は皆すぐに逃げ出す。そこで元気な僧侶が妖怪なら調伏してやると意気込んで住職を志願したが、夜になると無数のピンディが全身にたかってきて、払っても払っても刺し続ける。住職はたまらず、ピンディを懲らしめてやると言って寺に火を放って快哉を叫んだ。

物語は総督府の官僚たちを、朝鮮人を刺す南京虫にたとえたものである。この話をした朝鮮人は、「元来寺が欲しくて乗り込んできた住職が、なぜ寺を焼いたのでしょう。そこが感情です。総督府の官僚や、民間の有志家が寄ってたかってピンディのように朝鮮人を刺すなら、朝鮮人は遂に寺を焼き、日本人を駆逐して、自ら滅亡の途を急ぐかもしれません。朝鮮統治は理論ばかりでは駄目です。亡国となって訴える先もない朝鮮人の心中を解剖し、その微妙なる心理に同情して頂きたいのです」と切々と訴えた。

これを聞いて正剛は一層の哀れを感じ、帝国憲法を朝鮮にも適用し、議員の選挙権と被選挙権とを朝鮮人にも与えよと主張し、「遠交近攻は古き軍国主義者の詐略である、好く近人に親しむは遠人を致す所以である。吾人は満鮮の鏡を前にし、世界の活舞台に現れるべく、先ず我が姿を正さねばならぬ」と述べている。朝鮮統治の現状は、現地日本人に「卑劣思想」を蔓延させ、「一視同仁」は名ばかりで、現実は差別と搾取のピンディになっていたのである。

正剛は朝鮮から冬景色の満州に入り、朝鮮以上に腐敗した日本の満州政策を感じた。議員の名刺を持って旅行していると、「何か面白い利権でもありますか」との質問。質問者はそんな言葉を無礼ともなんとも思っていない。それほど内地の議員は利権や利源を漁っていた。正剛が大連で講演したところ、これに対抗して政友倶楽部の満州関係議員が大演説会を開き、「いかにクチバシの黄色い奴が勝手な熱を吹いても、事業をやろうと思えば、政友会に関係するのがもっとも得策である」と広言した。地主政党と言われる政友会の議員が、新たに満州、朝鮮の植民地にも利権を広げていることを正剛は実感した。

続いて「満鮮の鏡」は満州で遭遇した日本の陸軍将校の高慢な態度を映し出した。

正剛が中国の友人から贈られた中国服を着て深更に汽車に乗り込みベッドを頼むと、ボーイは

「一等寝台は満員です」と素気なく断った。アメリカ人にはサービスするが、中国人は粗末に扱うのが当たり前であった。寝台が四つある寝室に陸軍の佐官が一人しかいないので、正剛がさらに頼むと、ボーイは佐官に相談した。すると佐官は「支那人と同室はいやだ」と怒鳴る。そこで正剛は「満鉄では一箱四床の規定ではないか。同室がいやだと言うなら、その人に出てもらえ」とボーイに言い、佐官に向き直って「日本が満州に鉄道をかけ、その列車で日本人と米人と支那人との間に差別待遇などしては醜態ではないか。君らはそもそも何のために俸給を受けている。何のために満州に出かけて来た。支那人と親和できないで一体何の役に立つのか」、その声音ですぐ日本人と分かり、佐官は恐縮し、ボーイはガラ空きの一等寝室を準備した。

この話をある朝鮮人にしたところ、「貴方はまだ支那服だったから仕合わせです。もし朝鮮服でも着てそんな態度をとって御覧なさい。きっとなぐられます」という応えが返ってきたという。

この旅行は正剛に人種差別の現実を見せつけ、日本人の卑劣思想は日朝融合の障害物であるとともに、日中親善の敵であることを実感させた。

満鮮旅行から帰国してまもなく議会が召集された。正剛は対露政策に関する決議案を提出して提案理由の趣旨説明を行い、シベリア撤兵と内政不干渉の原則を主張した。

「シベリア出兵は害ありて益なきもの、対露不干渉はまず撤兵を前提にすべし」と述べ、原内閣の対露政策の失敗を追及した。特に尼港事件の責任を取らぬ田中義一陸相を槍玉に上げ、シベリアへの居座り声明は「時代錯誤の剣付鉄砲を振り回す」ことだと非難し、ハルピン街頭で見聞したことを述べて陸軍幹部の堕落を突いた。

「過激思想は外より来るのではない。ハルビン街頭に行って御覧なさい。一流の料理屋に夜の二時、三時までも自動車が横づけになっている。誰の自動車か、軍の自動車である。陸軍の特務機関とか、特派武官とか、司令部に属する人々とか、閣下とかなんとかいう連中が、毎晩料理屋に入り浸っている。彼らの入る室内はペーチカの気にむされて、歓楽の声湧くがごとくでありますが、その外を見よ。自動車のショッファー（運転手）はみなわが忠良なる臣民である。その忠良なる臣民が、零下三十度の極寒を耐えて、閣下らの遊興の見張りをして、門前に不動の姿勢をとっている。実に悲惨事である。過激思想はロシアより来るのではない、矛盾せるわがシベリア出兵の政策が、わが国民思想の根本を襲うている。この醜態を政府当局者は何と見られるか。過激思想の侵入を恐れると称して他国に出兵し、我が忠良なる軍人の心中まで過激思想を自発せしめんとする、このあやまちを覚らざるかと一言したいのであります」

提案の対露決議案は、正剛所属の無所属倶楽部と憲政会、国民党の賛成も空しく、政友会の多数によって否決された。

続いて正剛は「朝鮮統治ニ関シ調査委員会設置ノ件」と題する決議案を提出して、説明演説を行った。それは朝鮮統治の根本方針を確立し、「一視同仁」の実を徹底させるためのものであったが、これも政友会の多数によって否決された。議会政治家としての正剛の一歩は、日本の大陸政策と軍部の姿勢を正す堂々たる重要提案であったが、正義や道理よりも数が制する多数の専断によって、政策の転換と軍部を動かすまでには至らなかった。

革新倶楽部の結成

原敬は組閣の時、三浦梧楼から参謀本部廃止の進言を受けた。原も山縣が衰えてきたので参謀本部の改革を考えていた。

正剛は陸軍がシベリア出兵を強行し独走したのは「統帥権の独立」に起因すると考え、参謀本部の制度改革を提言した。山縣内閣は明治二十二（一八八九）年、参謀本部を陸軍省から独立させて天皇の統帥権に直属させていた。正剛はその制度そのものに軍部独走の根本的要因があると指摘し、参謀本部の独立・統帥権直属制度を廃し、内閣所属の陸軍大臣の管轄下に置き、作戦専門の一課局にせよと主張した（「東方時論」十一月号）。しかし、原内閣は政友会の党勢拡張と安定政権を重視するあまり、軍部との妥協を優先して、シベリア撤兵も参謀本部の改革も断行し得なかった。このことが参謀本部の権威を強め、軍部の台頭と戦争の可否に大きく関わることになる。そのうえ、八・八艦隊（戦艦、巡洋艦各八）の計画も容認して軍備の大拡張を図り、普選要求は回避した。

この間、政友会に関係する汚職や腐敗事件が続発、国民の間に政党政治への不信感が巻き起こってきた。そんな中、大正十（一九二一）年十一月、原首相が東京駅頭で刺殺され、期待された政党内閣は幕を閉じることとなった。

原首相は何故殺されたのか。正剛はその病巣を論じた。

刺殺した十九歳の青年は別に原内閣の施政を批判する能力は有すまい。彼は畢竟綱紀粛正の声に動かされたものに相違ない。一般民衆にとって最も憤懣を感ぜしめたものは、現内閣と政友会との醜聞である。満鉄問題、阿片問題その他の瀆職《とくしょく》問題が、続々明るみに出されて以来の新聞を見れば、内閣諸公と政友会の領袖連とは、ほとんど大多数が破廉恥罪の嫌疑者たるの観があった。狂熱児は畢竟この空気にむされて現れたのである。世人の信ずる所によれば、政友会は金権と政権とを壟断《ろうだん》する覇者である。覇者として私腹を恣にしてきた。悲劇の背後には政友会のこうした多数勢力に奢る金権腐敗が存する。政権獲得や政権維持のために財閥・地主層と結びついたところに腐敗が生じ、国民は政党政治に失望してその腐敗に非難を浴びせたのである。

（「東方時論」大正十年十二月号）

まさに政治と金の問題である。正剛は政党に潜む金権癒着の体質が事件の元凶として、これを厳しく批判した。

原首相横死の後、蔵相の高橋是清が後を継いだが、長続きせず総辞職した。政友会は政権が憲政会に移るより、元老が推す海軍大将・加藤友三郎を承認することが自党に有利と考え、これを

革新倶楽部（後列左端が中野正剛，その前が犬養毅。大正11年。中野泰雄氏提供）

無条件に支持した。加藤は官僚と貴族院から大臣を選び、「政党の外に立つ」超然内閣を構成、政党政治は頓挫した。

加藤内閣が当面する課題は、シベリアからの撤兵問題であった。四年二カ月にわたり七万三千の兵を荒野に留めて膨大な国費を浪費し、そのうえアメリカとの対立をはじめ国際的非難が生じてきたので、大正十一年六月、ようやくシベリア派遣軍の撤退を声明した。

代議士に当選して以来無所属であった正剛は、十一月、犬養毅や尾崎行雄らとともに「革新倶楽部」を結成した。革新倶楽部は政界を革新すると宣言し、綱領に普選断行、軍部大臣の現役武官専任制の廃止、ソ連の承認ほか民主主義政策を掲げ、画期的な綱領として世間の注目を集めた。宣言・綱領は正剛の筆になるものと言われている。

翌十二年の議会で、革新倶楽部は「対露国策の根本方針を確立遂行すべし」とのソ連承認の決議案を提出し、代表して正剛が説明演説に立った。

「政府当局者及び与党の諸君はロシアとの接近が有利であることを知っている。しかし、枢密院や貴族院、財界の一部に反動分子や愚昧なる勢力があり、これに気兼ねすることが我が国の政治を失敗させる原因になり、それがソビエト承認の妨げになっている」、「ロシアとの接近が日本の思想を赤化するというが、かような論法でいけば我が国は鎖国の昔に帰らねばならぬ」と指摘し、ロシアの実情と国際的な視点から経済交流の必要性を説き、「資源国と結ぶのが経済上の原則であり、外交上の得策である」と説明した。決議案は与党政友会の賛成が得られず否決された。とはいえ、シベリア撤兵とともに対露通商再開の機運は高まっていった。

猶興居での生活

代議士に当選して約一年たった大正十（一九二一）年四月、正剛は原宿の借家の廊下続きに「猶興居」という学寮を作り、五人の書生をおいて生活を共にした。猶興居の名は「孟子」の一節「豪傑の士は文王なしといえども猶興る」に由来する。

開設三年目に入居した進藤一馬によると、一階が六畳、二畳、洗面所など、二階が十二畳の広間の木造二階建てで、書生は二階に寝泊まりし、来客の応接、電話番、掃除などをしたという。

食事は一階の六畳間でとったが、母屋と同じ食事で質素だった。食費は無料、人によって学費も支給された。二階にあった正剛の書斎には西郷南洲の「敬天愛人」の写真額が飾られていた。

進藤は、猶興居での次のような思い出を語っている。

猶興居の塾生（中列右端は進藤一馬，後列右から２人目が長谷川峻，前列左端が永田正義。進藤家提供）

あるとき一人が何かで金の要ることがあり、夫人に相談に行った。だが、どうしても言い出せず、むなしく戻ってきて述懐したことがある。「おい、先生も貧乏しとるぞ」――。この言葉は一同の胸に染みました。先生も両親はじめ家族八人、運転手や手伝いの婦人、それに私たちを抱え、楽ではなかったでしょう。しかし家の中はいつも明るく、弾むものがありました。

いつか先生は、長谷川（峻）君に言われたそうです。庭にスズメが群れていました。「あのスズメに茶椀のご飯粒を少し分けてやっても、おれには大したことはない。しかしスズメは腹を満たし、喜んで大空に飛んで行く。きみたちもこの猶興居から、思い切り飛べばいいのだ」

（江頭光『雲峰閑話――進藤一馬聞書』）

正剛はその後、邸内に柔道場や相撲場を設けて書生の相手になったり、師範を招いて猶興居生の鍛練に努めたりした。多忙な時でも『論語』や『大学』などの漢籍や頼山陽の『日本外史』の講義は欠かさず続け、「これでおれ自身も啓発されるのだ」と笑っていたという。

正剛自身、青雲の志に燃え、清貧を貫いて勉学してきただけに、青年への思いやりは人一倍厚く、猶興居生への指導と援助は終生続けられた。巣立った塾生は後に大臣、市長など四十余人に及ぶ。緒方は「乏しい財布から書生を養いその書生本位の健全なことと、そのピューリタン的生活とにおいて、今の政治家中彼と伍し得る者はあまり多くないはずである」と言っている（『人間中野正剛』）。

革新倶楽部を離党、憲政会へ

原内閣の後、超然内閣が三代（加藤・山本・清浦）続いたことで、憲政会、革新倶楽部をはじめ、支持に回っていた政友会も特権階級内閣として反対、国民も「護憲」を叫んで一斉に反対したため、衆議院が解散された。大正十三（一九二四）年一月、政友会は憲政会と革新倶楽部と連合して「護憲三派」を形成し、政党内閣の確立を期して五月の選挙戦に臨んだ。結果は憲政会が第一党となり、与党の政友本党は第二党となって「護憲三派」連合が勝利した。

正剛はこの時の総選挙で政友派候補に辛勝し、革新倶楽部を離党して憲政会に入党した。理由は、犬養が山本内閣に入閣して政友会に接近したため政治的立場を異にしたことと、革新倶楽部の事情が重なったことによる。

正剛は訣別の心情と憲政会に入党する理由を犬養への手紙に書いた。

「先生に傾倒すること十数年……今日に至るまで往時を追懐すれば真に感慨の深きに堪えず候」と書き出し、革新倶楽部内でその後、犬養の側近との間に相容れない禍機が生じたこと、さらに維新以来、政界は自由・改進の二大政党が消長しながら進み、第三党は到底成立し難いように思うと述べ、「憲政会は理想とはいえないにしても政友会に勝る万々なり」と認《したた》めている。これまでの議会経験を通して、少数党の悲哀と志が実現できないことへの焦燥感も加わっていたのであろう。

六月、憲政会総裁加藤高明に組閣の大命が下り、外務に幣原喜重郎、内務に若槻礼次郎、大蔵に濱口雄幸、農商務に政友会から高橋是清、逓信に革新倶楽部の犬養らの参加を得て、憲政・政友・革新倶の護憲三派による連立内閣が形成された。

三派連立内閣は翌十四年三月、普通選挙法を成立させた。納税による制限選挙が撤廃されて、満二十五歳以上のすべての男子が選挙権を持つようになり、有権者は四倍増となった。枢密院と貴族院、政友本党が反対する中、法案審議の特別委員として尽力した正剛にとって、念願の普通選挙法の成立はひとしお感慨深いものとなった。

三派連立内閣は日ソ基本条約を調印して国交を回復し、貴族院を改革して古い政治体制を改めた。反面、後世の癌となる治安維持法も成立させた。背景には枢密院による画策があった。普選法を認める代わりにソ連との国交回復に備え、共産主義や社会運動を取り締まるため治安維持法を抱き合わせよ、との交換条件があったからである。衆議院に治安維持法が上程された結果、反対は十五人で、正剛はその中の一人であった。

陸軍機密費の摘発

大正十四（一九二五）年四月、政友会は「軍服を脱いだ陸軍大将」田中義一を総裁に迎え、犬養らの革新倶楽部の主流を吸収し政友本党と提携した。さらに政友会は政権奪取のため、三派閣内を不統一に追い込み、連立内閣を総辞職させた。しかし、元老西園寺は第一党の憲政会総裁加藤高明を奏請したので政権奪取はならず、八月、憲政会による単独内閣が成立した。

正剛は八月から十一月にかけ、満州、シベリア各地への視察旅行に出た。日ソ国交回復後最初に訪問した政治家で、ソ連の新聞・雑誌ではシベリア出兵反対、ソ連政府承認論の主張者として、「偉大なリベラリスト」と賞賛され、各地で大歓迎を受けた。

翌年一月、議会開会中に加藤首相が急逝したので内相の若槻礼次郎が憲政会内閣を後継した。当時、衆議院は憲政・政友・政友本党の三大勢力が拮抗して、政界はスキャンダルの泥試合に明け暮れていた。そんな矢先、正剛は、原内閣時代に使用した膨大な機密費に関する陸相田中義一と次官山梨半造の二人の疑惑問題を議会で追及した。

田中総裁が政友会に現れて以後、政界の動揺には常に金銭がある、金銭と共に壮士がある、金を使い壮士を使い、虚偽の宣伝を逞しくして政界を糜爛《びらん》せんとするは、今日政友会の態度である……。軍政を以て文政を圧す、これ国政紊乱《ぶんらん》の基なり。是に於いて吾人は、わが陸軍の神聖を保持するがために、かつ軍閥政治を打破し、真に民衆政治を確立せんがため、断々乎として彼等軍閥の罪悪を糾弾し、彼等をして陸軍部内よりは勿論、一切の政治的圏外に放逐せんがために、あくまで闘わんとするものである。これ吾人が今回の田中義一大将以下に関する機密費横領事件の真相を明らかにし、あえて天下に問わんとする所以である。

「軍人の巨魁」と軍閥、政友会幹部の不正に対する正剛の勇敢な挑戦であった。翌日の「東京朝日新聞」は「田中大将在職中の怪聞……長州軍閥の醜状真相」の大見出しで大々的に報道し、社説でも「陸軍軍閥の城郭を打破すべき絶好の機会」と論じて正剛を支持した。

正剛の摘発は各界に一大センセーションを巻き起こし、新聞は、「政友会の意気物凄く中野正剛氏の身辺危うし、政友会院外団の猛者連がつけ狙う」と報じた。事実、中野邸に政友会系の壮士が怒鳴り込んで来た。寒中、壮士らは逆に正剛から庭に坐らせられ、書生が驚く中、多美子がとりなして一同に熱いうどんを出して帰らせた。そんな一幕もあった。

議会では尾崎咢堂が正剛の補足演説に立った。

「元来機密費なるものは議員買収費か宴会費に使われるのが大部分であり、これなしに仕事ができぬ者は無能力者か下等な政治家である。なお、陸軍の機密費は今日疑いの雲を晴らしておかないと、将来、政党対陸軍の問題が必ず起こる」と警告し、「機密費にまつわる疑いを晴らすことが帝国議会の役目であり、首相・陸相の任務である」と喝破した。

しかし宇垣一成陸相は、陸軍の威信を強調して機密費事件を否定し、若槻首相も同調したので疑惑は霧の中に葬られた。このうやむやが後の東條政権に禍根を生じさせることとなる。

野党の政友会は報復を企て、シベリア旅行中にソ連から赤化資金を受け取った「露探」（ロシアのスパイ）と称して、正剛を査問委員会に付した。提出された「証拠文書」は全くのデッチ上げと判明し、委員会は「認定すべき証拠なし」と結論づけたが、正剛にとっては晴天の霹靂で、政敵つぶしの陰謀であった。通訳を務めた東方通信ウラジオストク特派員の広岡光治は、シベリア旅行中の正剛を「眼中、国利民福のほかなにものもなかった高潔な政治家だった」と評していたという。

議会が閉会して後、正剛は憲政会の宣伝部長として各地の遊説に出かけた。長野県の上諏訪では、「軍閥政治の破滅」と題して、軍部と結託する政友会を攻撃する予定であった。ところが壇上に上がると、二十数名の男たちが取り巻き、引きずり降ろそうとしたのでステッキで応戦しようとした。これを見て警官が演説会の解散を命じ、正剛は憤慨して夜行で帰京した。演説がこのように流会になるのはまれであったが、国粋派と称する団体などの演説に対する妨害は激しく、政党間の対立も激化してきた。

左脚切断

大正十五（一九二六）年六月下旬、正剛は郷里の福岡に議会報告に出かけた際、九大病院で左足の傷跡の診察を受けた。簡単な整形手術で治るから上京した際手術しましょうとのことで手術を受けた。ところが処置が過っていたのか、術後左足は徐々に爪先から枯死し始めていた。正剛は『シッカリシロ・チチ』の中で、左脚切断にいたる事情を書いている。

――その痛さは言語を絶し何日も何日も一睡もできず痛み止めの注射も効かない、石臼に入れてつかれるような痛さが一日、二日、十日と続く。それでも医者は神経の作用だと言って足を切断してくれない。自分は実際死にそうに思われた。緒方竹虎君がきたので医者に交渉してくれと頼んだが埒があかぬ。痛みは益々募る。大家連は申し合わせたように神経の作用だという。内部から枯れているのに気がつかないのだ。緒方君に再度医者に交渉を頼み、ついに医者は足首だけを切断する決心をした。忽ちただならぬ医者の驚きが見える。執刀の博士は言った。「中野さんすみません。皮下の肉は全く変質しております。足首だけではいきません、モット上から切断します、宜しいですか、これまでになるにはさぞ痛んだでしょう」。「痛んだでしょうというてもらえば満足だ。神経だといったのを取り消しなさい。足を切るのに遠慮はいらぬ。悪い所だけ切って落として下さい」。

二寸、三寸と上の方を切ってみて、遂に大腿の下部膝の上から切って落した。「自分はその際に困ったとも、しまったとも思わなかった。唯反抗心がコミあげて来て、何これしきで屈するものかと思った。その刹那直ちに克明を、雄志を、四人の子供を思った。切断すれば命はとりとめる。片足では政治が出来まい、ヨシ、それなら読書して筆を取る。天下の志も何もいらぬ。今へたばっては子供が可哀想だ。キット直ってみせる。子供たちのために……」。——

そんな思いを多美子は「平常の御気性にも似合わない病的なセンチですよ」と言ったが、正剛は「死生の際に発する衷心の声」であったと言い、「緒方君に恥ずかしくも子供の事まで頼んだ」と書いている。

八月五日の国民新聞は、「政界の名物男、現内閣与党の若手猛将の中野正剛氏が……かの名物活劇を演ずる場合の唯一の武器たる左足を失いかかっている」と報じた。

柔道を取り、相撲を取り、馬にも乗った強健な脚を失ったことを思い、正剛は「これまでは謙信流で先陣を承って来たが、これからは武田信玄で行く」としみじみ語ったという。退院したのは大正天皇が崩御し、昭和と改元された後の十二月二十五日で、正剛四十一歳であった。

立憲民政党の結成

昭和二（一九二七）年の議会開会中、正剛は若槻憲政会内閣の大蔵参与官に懇望された。病後を理由に辞退したが、蔵相濱口雄幸の懇請と前任者三木武吉の説得によって就任した。ところが銀行の破産で始まった金融恐慌まっただ中の四月、若槻内閣は総辞職に追い込まれて政権は政友会に移り、田中義一が首相となった。蔵相になった高橋是清は、若槻内閣が対処したと同様の台銀救済法案に加え日銀の非常貸し出しによって金融恐慌を食い止めた。

枢密院を牛耳る伊東巳代治らの策謀によって倒閣に追いこまれた憲政会は、若槻内閣が提出した緊急勅令案を枢密院が否決したことを非立憲的な措置として、「枢密院の奉答に関する決議案」を提出した。代表して説明に立ったのは正剛で、ステッキをつき、義足の音をコツコツと立てながらの登壇であった。

「先に若槻内閣が提出した緊急直令案を枢密院が否決したことは、陛下の諮詢《しじゅん》機関としての機能から考えまことに奇怪千万である」。正剛は枢密院が否決した理由を一つ一つ論破し、「国務の執行機関でない枢密院が権限を超えて、ほしいままに施政の内容に干渉したその罪は断じて許すことができない。ことに枢密顧問官伊東巳代治は、天皇陛下の諮詢を待ってはじめて奉答すべきところ、その権限を超えて諮問を受けていない政府の対支外交を難詰し、陛下の面前で総理大臣にその罪を責めて辞任を迫った。これはまさに禁闕《きんけつ》の側に隠れ、袞龍《こんりゅう》の袖に隠れ、輿論の幕を透《とう》さざるところに隠れて国家の大患をかもす者、これすなわち王倫・秦檜《しんかい》の徒である」と指弾して、「輿論の名刀を引っ提げてかれ伊東の頭《こうべ》を斬ることが、今日の国民の避くべからざる覚悟であると信ずるのであります」と、真っ向から痛烈に枢密院の越権を批判した。さらに「田中内閣成立の陰には、枢密院が若槻内閣を倒して外相幣原喜重郎の対支政策を転換させ、満蒙積極政策を唱える政友会の田中義一に政権を任せようとする陰謀があり、それを強行したことはまさに枢密院の越権専断である」と述べて、その行為を弾劾した。決議案は二百十票を得て可決され、枢密院に対する衆議院の性格を初めて明白にすることができた。枢密院の改革までには至らなかったが、この時の正剛の演説は、憲政史上空前の枢密院弾劾演説として特筆された。

臨時議会が終わった昭和二年六月、憲政会は政友本党と合同して立憲民政党を結成した。党名の名付け親も、議会政治を中心にした綱領の起草に当たったのも正剛である。

総裁就任の挨拶に立った濱口雄幸はその綱領について、「私は之を一読して病余の身も覚えず満腔に熱血の漲《みなぎ》るを感ずる」、「我が立憲民政党のごとく率直に大胆に進歩的色彩を表明したる大政党は、いまだ我が国に類例を見ない」と自負した。

翌三年一月、正剛は九州日報社の経営再建を依頼されて社長となり、陣容を一新した。主筆に二十八歳の清水芳太郎を充て、特別寄稿を岳父の三宅雪嶺や親友の杉森孝次郎らに依頼し、北九州支社長には猶興居出身の進藤一馬を任じて若返りを図った。理事・相談役・顧問として頭山満をはじめとする玄洋社関係者のほか、吉田磯吉や柴田文城、民政党の安達謙蔵などの有力者が参画した。

その翌月、普通選挙による初の総選挙が実施されることとなり、地元では「福岡市正剛会」が結成され、選挙体制と新聞の発行が平行して整えられた。

正剛は「今度の選挙は国民を政治に参与させる上で重大な時期に際会した」と第一声を放ち、各地の演説会で田中義一内閣の外交と内政に厳しい批判を展開した。政友会地盤の演説会場では、警官からの演説中止や選挙妨害がひどかったが、言論戦で圧倒的な強さを見せ、政友会の候補者を大きく引き離し最高点で当選した。

田中内閣は、選挙前に地方官と警察幹部の大移動を行って政友会系の人事で要職を固め、選挙運動に露骨な干渉・妨害を行った。にもかかわらず、民政党は善戦して一議席差で与党政友会に迫り、社会民衆党や労働農民党の無産諸派も進出して、議会は緊迫の度を加えた。

三月十五日、田中内閣は初めて進出した共産党を脅威として、共産党をはじめ労働農民党、無産青年同盟ほか関係者千数百名を一斉に検挙し、ついで労農党など三団体を解散させた（三・一五事件）。さらに治安維持法の改正案を特別議会に提出、しかし世論が猛反発し、民政党も賛成しなかったので緊急勅令によってこれを公布。続いて思想取り締まりのため、内務省に特別高等警察（特高）を設置させた。東京帝大教授の美濃部達吉は、三・一五事件や治安維持法改悪のほか、田中内閣の一連の反動・右傾化政策について、暗黒時代がきたと痛嘆した。

張作霖爆殺事件

中国では辛亥革命後、北方派と南方派に分かれ抗争を続ける中、ロシア革命の影響を受けて共産主義運動が広がり、反帝国主義・国権回復の動きが激化していた。中国の統一を目指していた広東政府（南方派）では、孫文が病没したので蔣介石が国民革命軍（国民軍）の総司令となり、一九二六（大正十五）年、南京で国民政府を樹立して北伐を開始した。

田中内閣は国民軍の北伐を阻止するため、昭和二（一九二七）年五月、在留邦人の保護を名目に山東に出兵させ、七月に「東方会議」を開いて対支政策を決定した。内容は、満蒙を中国から切り離して日本の勢力下に置くため、軍閥の対立をあおって中国統一を妨げること、日本の権益が侵害される恐れがある時は機を逸せず適当な処置に出ることなど、大陸強硬策である。

翌三年四月、田中内閣は国内の反対論を押し切って第二次山東出兵を行い、北上する国民軍と衝突して済南を占領した（済南事件）。さらに内地より増兵して（第三次出兵）華北を制圧した。これらの出兵が中国の民衆を刺激して排日・反日運動を激化させ、情勢は緊迫化した。

国民軍は済南を迂回して北上を続け、北京の張作霖軍の敗北が明らかになってきた。田中内閣は満蒙確保の決意を固め、戦乱が満州に及ぶ時は有効な処置をとるとの「満州治安維持声明」を発して、これを蔣介石と満州を支配する張作霖に通告した。

張作霖は北京に迫った国民軍と妥協しようとしたが失敗、北京を逃れて根拠地満州の奉天（今の瀋陽）に向かった。その特別列車が奉天駅近くで突如爆破され、張作霖は死亡した。これを機に、関東軍高級参謀河本《こうもと》大作大佐らは満州を一挙に占領しようと企てたが、外務省と海軍が対米関係を考慮して慎重なため、田中首相は出動を抑えた。その後、事件の首謀者が関東軍の高級参謀であると知って驚いた田中首相は、天皇に厳重に処分すると報告した。しかし、関東軍と陸軍省は「犯人は北伐軍のスパイである」と声明して事実を隠蔽、新聞もただ「満州某重大事件」と報じるだけであった。

事件直後、正剛は演説や文筆を通して「山東出兵は内政干渉であり、日支関係を中国の国民的憎悪にまで深入りさせている。国交はフェアプレイとして行わねばならぬ」と主張して、田中内閣に強硬策の改変を求めた。

昭和四年一月、正剛は予算委員会において田中首相と一問一答を行い、「満州某重大事件」の真相に迫った。

正剛は「張作霖を懐柔して満蒙の利権を確保しようと図ってきた田中外交は、張作霖の爆死でその子の張学良が国民政府と妥協して全く行き詰まっている」と述べて、まず田中内閣の外交方針から糺していった。首相はただ問題の解決に努力しているとの一点張りである。そこで正剛は、事件の前提に「満州治安維持声明」があると言い、「治安維持声明はアメリカやイギリスの世論

演説中の中野正剛（進藤家提供）

に大きな反響を与え、日本にとって非常に不利に展開している。威嚇のつもりの治安維持声明が、世界の世論と軍の行動を引き起こし、あわてて関東軍を抑えたことで軍部は憤懣状態になった。そこで突如として起こったのが張作霖の爆死問題である」と指摘、さらに内外の新聞や雑誌に取り上げられている事例を示しながら、「今日、満州で張作霖を殺したのは誰かなどというと笑われてしまう、そのくらい日本への疑惑を深からしめている」、「貴方はこれに対してつくすべく手段をとらず、調査中とのみ逃げられる。また議会で問題にしてくれるなと訴えられる。それでは益々世界の疑惑を深めるばかりである。もし総理大臣が知らぬというなら外務の諸君に尋ねて、世界の世論に向かって挑戦することが当局として当然なる処置ではないか」と迫った。様々な角度から畳み掛けたが、田中首相はただ調査中と答えるだけで、終始答弁を拒否し続けた。

質疑は三日間に及んだ。一日目が終わった夜、「国家改造論」で陸軍の若手将校に信奉されている北一輝が、正剛の質問演説を中止するよう民政党幹部の安達謙蔵に要請した。二日目にも質問中止を強請。陸軍を敵に回すことを恐れた安達は、正剛に適当に切り上げるように要望した。

三日目の質疑においても田中首相は答弁を避け、軍部の責任ではあっても首相の責任ではないと答えた。そこで正剛は最後に「事件が政治問題でないとするなら」と言って辞職の決意を促した。「貴方の決心一つで我が帝国の皇軍の名誉が保たれます、貴方の決心一つで我が帝国は文明国としての体面が保たれます、田中義一君は一身の地位重きか国家の体面重きか、又皇軍の名誉重きか、其地位を抛《なげう》つことは国の為にも出来ませぬか。天下に其決心を明白にされんことを望みまして、私は此質問を打ち切ります」。

三日間にわたる田中首相との一問一答は「第五十六議会の花」と言われた大演説で、まさに「千万人といえども吾往かん」の気概を示した首相弾劾であった。民政党は「満州某重大事件真相発表決議案」を提出して追い討ちをかけたが、与党政友会は他党の援助を得てようやくこれを否決した。

田中首相は閣議でも犯人を明確にせず、事件の関係者を行政処分にして、天皇には解決したと言上した。天皇は最初に言ったことと違うじゃないかと詰問され、後で「田中の言うことは分からない」と側近に漏らされたことが伝わり、田中は総辞職をした。

逓信政務次官として

昭和四（一九二九）年七月、民政党総裁の濱口雄幸が組閣した。この時、正剛は逓信政務次官に就任した。民政党創立への貢献度や田中内閣を窮地に追い詰めた功績からいえば役不足と見られたが、鋭敏で強気な正剛は「御し難い悍馬」として敬遠され、次官職はやむをえなかった。

濱口内閣は田中内閣以来悪化した日中関係の修復に努め、緊縮・産業合理化政策を推進し、金本位制を復活させた。続く五年二月の総選挙は、濱口、犬養の両党首を看板にして争った結果、民政党が圧勝した。ところが、濱口内閣は世界恐慌の影響による経済界への深刻な打撃と重大な政治抗争に直面した。

去る一月に開催されていたロンドン海軍軍縮会議で、米・英・日の補助艦艇五・五・三の比率を、日本の修正で米一〇、英一〇・二九、日六・九七でまとめた。海軍軍令部の意見は分かれたが、濱口首相はそのまま調印を命じた。これを軍部と政友会は統帥権干犯だと問題にしたが、濱口は軍縮を歓迎する世論を背景に議会を乗り切った。難関は枢密院であった。伊東巳代治らは軍部、政友会、右翼と呼応して倒閣を迫った。「ライオン宰相」の異名を持つ濱口は一歩も退かず、堂々たる論陣のもとにこれと闘い、条約の批准に成功した。ところが、昭和五年十一月十四日、濱口は東京駅で右翼の一青年に狙撃されて重傷を負った。

翌十二月に始まった第五十七議会は、民政党内閣にとって初めての本格的な議会であった。しかし、首相代理になった幣原外相は、民政党の進歩的な公約を実現しようとはしない。逓信省で一年間かけて成案を得た電信電話民営案も予算に計上せず、翌年回しにした。正剛は民営案に精魂を込めてきただけに、幣原代理の軟弱な態度に憤激して直ちに政務次官を辞し、党務からも離れて読書と思索に沈潜した。

明けて昭和六年一月、重傷からかなり回復した病床の濱口あてに、正剛は辞任の理由や党内事情などを手紙に認めた。

逓信政務次官時代の中野正剛
（中野泰雄氏提供）

「電話案が骨抜きとなりしと共に責を退きし次第に有之候」とその間の事情を述べ、逓信省職員が多くの病人まで出し、心血を注いで成し遂げた民営案が格別の党議もなく、腑甲斐ない結末になったとして責任を感じ、「小生何の顔か以て父老に見《まみ》えん」と痛嘆している。

「我観」二月号にも辞任の理由を書いた。「政治家が無力だと役人は苦労する。よしなき感激を職員に与えながらその努力を徒労に終わらせた、自分は党に帰るが若き官吏は帰る所がない。退いてもなお責任を果たし切れないが、政治家は失敗に対して責任を取らねばならぬ」と述べて、精魂を傾けて努力した逓信省職員へ詫びた。

さらに濱口への手紙は、遭難後の党内事情と金権体質について憂慮している。

> 幣原代理は慎重の名を借りて重要法案は一として決定する所なく、無意味に国会に臨まんとしている。このような一時しのぎの「事勿れ主義」では幣原臨時内閣の将来はない。しかも、民政党の三長老（仙石貢、若槻礼次郎、山本達雄）は党の機関に諮らず、党の意向を酌まず、或いは公然と民政党を嘲弄し、或いは密かに西園寺公を訪い、勝手に放言し勝手に妄動している。これを見て党の少壮は純理を主張して憤激している。党内の人心は乱れて幣原代理で難関を突破せんとするは、甚だ難きなり。最も不快に堪えないことは我党が三菱の政治部たるの観を呈することなり。三菱の巨頭仙石氏が一喝して民政党を左右し、三菱の女婿幣原氏に民政党二百七十人の面々が悦服していることである。政治に金を要すべきも、政治は金権の奴隷にあらず。この点からも幣原首相代理は御免被りたきなり。
>
> （『転換日本の動向』）

民政党は憲政会以来、官僚派と党人派が対立していた。官僚派は若槻や井上準之助ら官僚出身の貴族院議員と、党籍のない三菱財閥に繋がる幣原や仙石が連携して党の中枢を占め、政治資金の調達で他を圧し他を服させていた。党人派の主力は「選挙の神様」と言われる安達謙蔵で、党人派の多くは安達に結集していた。正剛は「安達の四天王」の一人として、デモクラシーの運動と少壮派の先頭に立っていた。官僚・党人両派は、濱口総裁の人望と力量でバランスを保っていたが、幣原外相が首相臨時代理となってからは対立・内紛が再燃していた。

昭和六年二月の予算委員会で、政友会は先の統帥権干犯を問題にした。条約は「御批准になっている」との答弁に終始する幣原に、それは政治責任を天皇に押し付けるものだと言って政友会議員が詰め寄り、両党間で乱闘となった。予算委員会は一週間の審議停止となった。新聞は一斉に「衆議院の中味は腐り切っている」と非難し、評論家は「議会政治の転落」と攻撃した。しかも田中義一内閣以来、金権腐敗が政党や資本家、さらに官僚や上層軍人にまで広がり、疑獄・瀆職事件は続々と摘発され、その数十余件にのぼっていた。

そんな社会状況の中、三月、参謀本部の橋本欣五郎中佐を中心とする「桜会」（秘密結社）の将校は、大川周明らの右翼と結んでクーデターを計画した（三月事件）。資本家の走狗と化した政党と政党政治の腐敗を改めない限り日本を危機から救えない、として宇垣陸相を中心に軍部政権の樹立を意図していた。計画は未然に防がれたが、宮中や政財界に大きな衝撃を与えた。陸軍は事件を隠蔽して主謀者らを処罰せず、幣原代理内閣もこれを放置した。このため彼らは自信を強め、その後、関東軍と結んでさらなる計画を進めることになる。

議会では濱口首相の登院がしきりに求められ、濱口は病を押して登院したが、病状を悪化させて総辞職した。四月、若槻が後継して組閣した。第二次若槻内閣は恐慌による歳入減少に対処するため、大幅な行財政整理と軍縮を掲げて世論の支持を得た。陸軍は軍縮の広がりを押さえるため、先手を打って軍制改革案を発表し、軍の近代化と軍備拡張の必要性を大々的に宣伝した。満蒙の既得権益が危機にあること、ソ連の五カ年計画が脅威であることなどを理由に、朝鮮・満州への増兵や常駐を企図するもので、いわば「大陸での戦争準備案」であった。

長男北アルプスに死す

風雲急を告げるなか、正剛は左足再手術のため入院していた。長男の克明はしばしば病院を訪れていたが、退院前々日の昭和六（一九三一）年七月二日に会ったのが最後となった。

七月十七日、早稲田大学在学中の克明は北アルプス前穂高の北尾根を縦走中、岩石とともに三百三メートルほど滑落した。同僚は一気に雪渓を滑り下りて克明の後を追い、七分後の九時二十二分に発見した。克明は滅茶滅茶に傷を負い朱に染まっていたが、意識は鮮明であった。午後二時二十五分、救援の人が来着して引き揚げ作業が開始された。その後ロープに吊るされ、担架に揺られ、豪雨をつき幾艱難《かんなん》を経て上高地へ担ぎ出された。その途中、「頑張れ！　頑張れ！」と言う友人らの声に励まされ、実に三十三時間を生き耐えた。中野家から派遣された永見は、上高地あてに打った正剛の電報を持ち、途中担ぎ出されてくる克明に出会った。「お父さまからの電報ですよ！『シッカリシロ・チチ』」と呼びかけると、克明はうーんと呻き、手を差し出そうとした。永見はその電文を克明のポケットに入れた。午後八時に上高地に着く予定であったが、克明は雨降りしきる初夏の山路で、若い友らに見取られながら担架の上で絶命した。時に昭和六年七月十八日午後六時十八分。

ふた七日の夜、正剛は克明の霊前で友人たちに繰《く》り言《ごと》をいった。「克明は死に直面して悲鳴を上げず、治療に際して抑えらるるを恥じ、『よせっ』と言ったのは悲壮である。それに『シッカリシロ・チチ』とは少し厳し過ぎた。どうも意地らしくてならん」。

この時、北一輝が「中野君よせよ」と言って慰めた。「『シッカリシロ・チチ』も、みな男性的慈愛の白熱的表現だ。よせっと言って克明君が腕を組んだのも、かねての鍛練による潜在意識が突如、幻の間に発露されたんだ、『シッカリシロ・チチ』は、それが中野正剛らしい愛児への引導じゃないか。息子は君に感激しているよ」。

友人の一人に日蓮宗の僧がいた。その朗々たる邦語体経文の読経に正剛は聞き入った。この読経を聴きながら正剛は考えた。――釈尊ならず、日蓮ならずとも、三界の家宅に住する社会衆生の苦痛を除くことが、我々の任務である。日蓮は俺が引き受けたと買って出た所が偉い。今日の日本を、今日の世界を、俺が確かに引き受けると、買って出る人傑こそ実に衆生の渇仰する所だ。苟《いやしく》も書を読み、苟も公人として世に立つもの、慈眼を開いて、社会衆生の痛苦を見極めねばならぬ。失業者や凶作に脅やかされている農民を思えば、この社会には幾多克明の死に勝る痛苦がある。これを憂えるのが俺の責任だ、政治家の使命だ——正剛は読経に耳を傾けながら自分自身を鞭撻して決意を新たにした。

克明の死後一カ月あまりで敬愛する濱口の死を迎えた。正剛は人生の悲哀を感じながら、金融恐慌以来の極度な経済不況と暗雲の日本外交に曙光を与えるため、『沈滞日本の更生』を出版し、「大陸支那と海洋日本とを如何に組み合わせて組織すべきか、これが我が極東外交の中心課題である。日本の外交は決して侵略主義ではあってはならぬ。支那、満州、蒙古、沿海州シベリアの経済的便益を助成し、我が国との共存共栄組織を有機化することこそが海洋日本の不景気乗り切り策である」と強調した。また付録につけた「対支関係の再組織」で、「今日ほど支那の人心が日本から乖離したことはない」と、日中関係の険悪化を憂慮し、「我が日本は大局的な立場で欧州列強の侵略から東亜を守り、東亜の進運に貢献し、新支那（国民政府）を友とすることである。これを指導原理に徹底的な努力と指導とを隣邦支那に提供することが日本外交の基調でなくてはならぬ。その指導原理に立って日支関係を経済、産業、交通、金融、通商の上に再組織すべきである」と述べて英断を迫った。

しかし、若槻内閣は有効な経済対策も対支解決策も打ち出せず、軍部の大陸強硬策に引きずられるままで、時勢もまた正剛の提言から掛け離れていった。

軍部や右翼は三月事件のころから「日本の生命線満蒙」という言葉を強調して、「満蒙には日本軍の骨が埋められ、血であがなった権益がある。それが今や中国の排日で脅かされているから、断乎としてこの生命線を守らなければならぬ」と、大々的に宣伝した。大新聞もこれに同調して強硬に満蒙の権益擁護を主張し、世論も歓迎した。枢密院や政友会はこうした動きに呼応して、若槻内閣の対満政策はなまぬるいとして倒閣を目論み、積極的な内閣の実現に動きだした。

満州事変勃発

張作霖爆殺事件（昭和三年）の後、関東軍は高級参謀板垣征四郎大佐と参謀石原莞爾中佐を迎え、排日による満蒙の危機に対応して軍事行動の準備を進めていた。

昭和六（一九三一）年六月、中村震太郎大尉と部下三名が興安嶺奥地の調査旅行中に射殺される事件が起きた。七月には長春付近の万宝山で、日本官民の土地取り上げで移住した朝鮮人農民と、これを敵視する中国官憲・農民との間で土地争いによる衝突事件が起こった（万宝山事件）。関東軍はこれらの事件を口実に、張学良政権が進める鉄道敷設を阻止するため、強硬な要求を突き付けた。陸軍の大勢は、軍の力で張学良軍閥を満蒙から駆逐しなければ、幣原協調外交では到底解決できないとの結論に達していた。

関東軍は所定の作戦計画に基づき、内地から二十四センチ榴弾砲（要塞砲）を密かに運び込み、奉天城に照準を合わせていた。政友会は万宝山事件の後、大陸強硬派の森恪《つとむ》らを満鮮視察団として派遣、その帰国報告会で、満州問題の解決は国力の発動に待たねばならぬ、と主張して軍部の武力解決路線を支持した。諸新聞もまた一斉にこれに同調した。

九月十八日午後十時半、関東軍は独断で奉天郊外の柳条湖付近で満鉄線を爆破、これを中国軍のしわざとして、居留民保護を名目に満州事変の火蓋を切った。この時、正剛は県会議員の選挙で九州を遊説中、鹿児島でデング熱にかかり、病は二週間に及んでいた。この間に満州事変と英国の金本位停止の二大事件が突発したのである。「この国家重大の時機に田舎の県会議員選挙に行っている貴様はなんだ、馬鹿野郎」と友人や先輩から電報を受け、熱が下がらない病軀のまま帰京した。正剛は直ちに軍部と外務省の要人たちに会って情報を集めた。

若槻内閣は事変の不拡大を閣議決定したが、関東軍はこれに反して十日足らずで奉天、長春、吉林などの満鉄沿線を制圧、朝鮮軍も独断で南満州に越境して関東軍を支援した。十月には張作霖が仮政府を設置していた錦州を爆撃し、大新聞は連日のように戦争写真の特集号外を出し、「守れ満蒙、帝国の生命線」と報じて国民の志気をあおった。

中国は満州事変勃発の四日後、日本軍の攻撃を侵略として国際連盟に提訴した。アメリカは中国の領土や主権を侵さぬという九カ国条約に反するとして日本に停戦勧告をしたが、日本は居留民の保護と自衛とを理由にこれに応じなかった。

満州事変が勃発してまもない十月、再びクーデター計画が発覚した。事変の拡大を目指す桜会の橋本欣五郎中佐らは大川周明や北一輝門下の西田税《みつぎ》らとともに、日本の危機を救うには「国家改造」が必要との見地から、首相以下閣僚を抹殺し、荒木貞夫首班による天皇親政の軍部政権の樹立を企図した（十月事件）。情報が漏れて計画は未遂に終わったものの、国民には事件を内密にして橋本らを謹慎処分ですませた。もはや若槻内閣は陸軍を抑える気力も気魄もなく、閣僚の結束も不十分で、軍事行動の拡大と派兵経費を容認するだけであった。

若槻は『古風庵回顧録』で、当時の軍部は政府の命令に従わない「奇怪な事態」であったと書いているが、すでに政党政治そのものが危機に瀕していた。軍内部においても、三月事件以来「下剋上」の風潮が広がり、関東軍も容易に軍中央に従う情況ではなかった。

危機感を抱いた正剛は、若槻首相に「満蒙政策は外務省と軍部の二面外交で、外務の外交を軍部が破棄する観を呈している。しかも今は満天下軍部の進出に喝采を送っている。要は内閣が自信を持って満蒙政策を樹立し、一定の方針で外務、軍部が一致協力して全国民の意志に徹底せしめなければならない。金輸出再禁止も早速手を打たねば」と言って指導力を発揮するようにと迫った。若槻は正剛の直言に耳を傾けたが、「満蒙問題はやり過ぎては困る、金融政策は君の言う通りだ。しかし今はその反対の方に動きだし、井上準之助君（蔵相）は自信があると言っているが……さてなかなかむずかしい」と答えて、満蒙・金融いずれの政策にも尻込みして煮え切らなかった。

世上では、英国の金本位制廃止のニュースで円売りドル買いが激しくなり、金解禁策が破綻して財政は完全に行き詰まった。政財界の一部では、十月事件の前後から若槻内閣の前途を見限り、軍部と協力して強力な内閣を出現させようとする動きが活発化した。

軍人嫌いと言われる永井荷風でさえ、昭和六年十一月十日の日記に「今日吾国政党政治の腐敗を一掃し、社会の気運を新たにするものは蓋《けだ》し武断政治を措きて道なし、今の世において武断専制の政治は永続すべきものにあらず。されど旧弊を一掃し人心を覚醒せしむるには大いに効果あるべし」（『荷風全集』21巻）と書き記す情況で、軍人が求める「革新政治」や強力政治を期待する声が国民の間にも日増しに強くなっていた。

軍部の台頭

元老西園寺の側近は行き詰まっている若槻に、民・政両党による協力内閣をつくっては、と打診した。若槻は安達に相談し、安達は民政党の中枢五人（常任顧問、筆頭総務、総務二人、幹事長）に協力内閣の構想を伝え、党内をまとめて推進するよう依頼した。総務の正剛も強大な軍部を制御するには二大政党の協力が必要であり、そのことが政界刷新の機会になると考え、犬養首班の協力内閣を構想してそれを押し進めた。

「朝日新聞」の社説は、「協力内閣の構想は憲政の常道ではないが、時局重大にして政府の力で時局を背負うに心細いとならば、反対党の協力を求めて国民内閣を組織する外はない」と、「安達構想」の推進に声援を送った。主筆の緒方は、「安達に協力内閣を考えさせ、党を割ってでもそれを主張させようとした裏面には中野君がいた筈である」、「若し柳条湖以来の軍の馬車馬を抑制するのが目的であったとすれば、それは少なくとも筋違いではなかった。満州事変の突発以来、政党は軍の鼻息に押されて殆どひょろひょろ腰であった。その際、政府の権威の保持は、政党の総結集によってのみ僅かに成し得る」と、『人間中野正剛』の中で述べている。

協力内閣の構想は、民・政両党の良識派の支持を得て、ようやくまとまった。連立契約書を取り交わし、西園寺にも打診して根回しもできた。ところが突然、若槻は「絶対にいかぬ、中止する」と言い出した。若槻は幣原・井上両相に相談したが賛意を得られず、特に井上の強硬な反対にあって、安達の辞職へと豹変していた。彼らの官僚的自己保身と安達への個人的感情が優先したのか、こうして民政・政友両党の連立による協力内閣構想——軍部に対抗できる強力政治の実現は、もろくも一場の夢に終わった。

正剛は安達ら七人とともに民政党を脱党した。正剛は翌昭和七（一九三二）年一月、神宮外苑の日本青年会館で行った「政局の真相と吾徒の動向」と題した演説で、脱党に至る心境を語った。「中野なんかもうろたえなければだんだん民政党で偉くなるのに、という者がいたが功名心どころじゃない。外交は切迫し少壮軍人間には不穏の空気、東北数県の細民は飢えに泣き、銀行は止められ、これが和歌山に影響し、名古屋に影響し、全国の財界に波及するという瀬戸際である。銀行はドル買いをする。政府はドル売りの始末を有利にするため、年末金融の逼迫せる時に無謀にも極力金融を引きしめる。満州問題に対して列国の干渉はどうなるかわからぬ。しかも濱口を失って以来の民政党は幣原外相と井上蔵相の二人の外来人の委任統治下に置かれて立党の精神を失った。そこで協力内閣の実現に政治生命を賭けたが志ならず、民政党からの脱党はやむをえなかった」

民政党の領袖櫻内幸雄は、自伝の中で脱党する正剛を惜しみ「中野という男は、略も策もあれば学問もあり、筆も立てば弁舌もよい、全く行く所可ならざるはなしという人物であったが、無精に我の強い悍馬《かんば》であった」と述べている。

政権は軍部に協力的な政友会に移り、昭和六年十二月に犬養内閣が組織され、蔵相に高橋是清、陸相に荒木貞夫、書記官長には大陸強硬派の森恪が就任した。

犬養内閣は金輸出の再禁止を行い、緊縮政策を改めて積極政策へと転換した。財政は軍事費の増大と赤字公債で膨張、インフレが進行して労働者の実収入は低下した。特に農村は窮乏のどん底にあえいだ。一方、財閥や企業は軍需景気とドル買いなどで巨額の利益を収めた。これを知った軍部や右翼団体は、国民の憤慨を政党政治への反感に向け、政治・経済のファシズム的統制の必要を宣伝した。正剛はそのような考え方を国家社会主義統制だと批判し、日本のとるべき国策の基本は社会国民主義に立脚すべきだと主張した。

満州事変勃発の当初、国際連盟は日本に有利な事変終息の妥協案を示した。ところが、関東軍は留まる所を知らず、昭和七年一月には錦州を占領し、ほぼ満州全域を制圧した。二月、国際連盟はリットン調査団を中国、日本、満州に派遣して事変の調査を開始した。

犬養が首相となっても大陸強硬策と関東軍の満州領有の姿勢は改められず、対支関係は悪化するばかりであった。

正剛は満州領有を牽制して、「東北四省が日中の領土欲から解放され、日、支、満、鮮、蒙諸民族の楽天郷にするとの前提のもとに、国際舞台で英米仏等の列強と議論を交え、堂々と極東問題、満蒙問題、対支外交問題を世界列国の前に再吟味し、世界をして日本の主張の合理性とその合理性の上に立つ国民の注意とを確認させねばならぬ。すなわち、満蒙処理のあり方は侵略によらず、国際舞台での堂々たる外交によって解決すべし」（『転換日本の動向』）と主張した。

正剛は金子雪斎から東洋諸民族の民族共和の精神を受け継ぎ、さらに孫文や黄興らを通じて中国を理解し、辛亥革命行を通して大陸へ侵略主義をとるべきではないとの信念を堅持していた。日中関係の悪化を危惧していた犬養も、組閣以来、独自に対支工作を進めていた。しかし、これを察知した陸軍と書記官長の森恪らは犬養の動きをことごとく覆した。内閣の実権は陸軍官僚と結託してきた大陸強硬派が握り、もはや犬養が指導・統制できる情勢ではなかった。

昭和七年二月、与党政友会は党勢強化のために総選挙を行い、三百四名の絶対多数を獲得して民政党は凋落した。正剛は無所属（安達派）として最高点で当選した。その選挙中、民政党の前蔵相井上準之助と三井財閥幹部の團琢磨が、血盟団に属する農村青年によって暗殺された。血盟団の目的は、政党や財界の巨頭を葬り、軍部とともに国家改造の「革新政治」を目指し、クーデターを企てることであった（血盟団事件）。

事件から約三カ月後の五月十五日、「国家改造」に共鳴する海軍の青年将校と陸軍士官学校生の一団が、現状打破と軍国主義体制の確立を目指して、首相官邸や牧野伸顕内大臣邸を襲撃した。彼らは犬養首相を射殺した後、憲兵隊に自首した（五・一五事件）。

事件に対応した軍首脳部は、政治が悪いからとして処分は禁固刑にした。内務省も犯人などの記事掲載を一年間禁止した。三月事件以来、こうした軍首脳の寛大な処置は、青年将校に「国家改造」の行動は正義であると信じ込ませただけでなく、下克上の風潮を強めることになった。

五・一五事件当時、九州日報社の新社屋落成式で福岡市に帰省していた正剛は、犬養の非業の死を知り、翌日の「九州日報」に痛恨の思いを載せた。

「犬養首相は学生時代から知遇を得て来た大先輩であり、青年の脳裡に政治上の理想に関する芽生えを生ぜしめた恩人である」と述べ、犬養が藩閥打破を叫び、憲政擁護を唱え、普通選挙を説き、憲政のために努力した業績を大きく讃えた。しかし、といって「三百余名の大政党を提《ひっさ》げて内閣を組織せられたるに及び、その憲政の基礎たる議会政治に疑念をさしはさむまでに時代の激変したことを思えば、感慨無量である」と書いている。

犬養は革新倶楽部で共に憲政擁護のために闘い、訣別後も協力内閣を話し合ってきた大先輩である。袂を分かったにせよ、思想的にも人間的にも共通するところが多かっただけに、喪失感や虚脱感もひとしお強かったであろう。

五・一五事件の直後、「福岡日日新聞」は「敢て国民の覚悟を促す」（菊竹六鼓）と題してクーデターを「陸海軍人の不逞なる一団」と指弾、「国家を混乱壊滅に導く」として軍部の政治干渉と独裁志向を糾弾した。その他二、三の新聞も軍部を非難し、政党の責任を問う声も大きかったが、それも長くは続かなかった。こうして時代の大勢は軍部に迎合し、政党は軽視されていった。

満州の建国と変容

満州旅行にて。左は丁鑑修
（昭和14年。中野泰雄氏提供）

昭和七（一九三二）年三月、満州全土を制圧した関東軍は、日・朝・満・蒙・漢による五族協和の理想を掲げ、新国家建設を目指して満州の建国を宣言させた。清朝の廃帝溥儀を執政に迎えて独立の体裁は整えたが、陸軍中央には「保護国的国家」にするとの伏線があった。

建国宣言後の七月、正剛の旧友丁鑑修が満州国政府の交通部総長として、満州国の正式承認を要請するために来日した。正剛は横浜まで出迎えて自宅で歓迎会を開き、笠木良明の「大雄峯会」や軍の石原莞爾が描く五族協和・王道楽土の理想を支持していることを語り、建国の将来を期待して丁を激励した。

国民同盟発会式（昭和７年。中野泰雄氏提供）

丁が帰国して間もなく、満州国総務長官の駒井徳三が来日、東京会館で歓迎会が開かれた。参加者は、満州国の発展に期待をかけて熱狂的に歓迎した。正剛は歓迎のスピーチに立った。

「日本の対満州政策は対世界政策の一環として考えなければならない。それを早晩これを併吞する下心を持った幼稚な舶来的帝国主義では、日本の立場を世界に開拓し、日本人が大手を振って世界を闊歩することはできない。手の届く所は追々侵略しようなどという根性では世界的大日本国を建設することはできません」と警告して、満州国の即時承認を訴えた。

駒井の歓迎会後の八月、民政党を脱党した安達派は、国民同盟結成準備会を開き、新党結成を目指して進むことになった。

九月、齋藤内閣は日満議定書（日本の諸権益の確保、関東軍による国防）を締結して満州国

満州国視察旅行。金子雪斎の墓の前で（中野泰雄氏提供）

を正式に承認した。正剛はその後二週間ほどして満州国の視察旅行に出かけた。執政の溥儀と鄭総理に会見した後、金子雪斎の墓参を済ませて大連の振東学社に立ち寄った。そこで、笠木良明らから満蒙自治と五族協和の理想が挫折しつつあること、そして共通の理想を持った参謀の石原莞爾が満州から去ったとの話を聞いた。

笠木らによると、建国当初、関東軍の石原らと大雄峯会系の日本人官吏は、共に王道楽土と民族協和の理想を掲げて新興の意欲に燃えていた。ところが、五・一五事件後に行われた官吏の任命・交代により王道楽土派の官吏は失脚、「内地風の官僚政治」が持ち込まれて、新国家への理想が挫《くじ》かれ、同志と思っていた石原も内地に帰ってしまったという。

石原は満州の建国には王道楽土の哲学が不可欠であり、自治的な建国が日本の政治に革新をもたらすものと期待していた。ところが、満州国を保護国的国家にしようとする陸軍中央の意向に気づき、参謀本部と陸軍省に五族協和の自治思想を基に満州国を育てよとの意見を提出した。しかし陸軍中央にその意志はなく、八月の人事で関東軍の陣容を一新、武藤信義大将を軍司令長官にして全権大使と関東長官を兼任させ、石原らの幕僚を転出させていたのである。

石原莞爾（中野泰雄氏提供）

十月、正剛は国民同盟本部で帰国報告講演を行った。

「伊藤さん（朝鮮初代統監、伊藤博文）が朝鮮にあまり沢山の役人をつれて行ったために、朝鮮の人心をして政治に倦怠を催さしめ排日をつくったように、丁度満州にもこれと同じ結果を移し植えるのではないか」と警告して、満州の行政に細かく立ち入らぬよう「政治的指導」に留めよと主張した。漢学の大家でもある鄭総理との会見では、外交に王道を適用すれば日本・満州・中国の提携になると理解し合ったことを話し、大いに聴衆の共鳴を得た。

その後、正剛は石原と会った。満州問題や世界戦略に関する石原の所信を聞き、正剛も自分の政治的立場を語って、互いに共鳴し共感し合うことができた。石原は満蒙占領論から転向して、五族協和の自治と独立を建国の理想にしていたが、それも日本の政治や軍部上層に「昭和維新」が実現されない限り不可能であると語った。

十月、満州事変の真相を調査していたリットン調査団が調査結果を発表した。「リットン報告書」は、満州に対する主権は中国に属するが、日本の権益は全面的に認め、満州を非武装の特別自治地域とする、というかなり宥和的な内容であった。これに対し日本代表松岡洋右は、満州の独立は「共産主義の脅威」に対する障壁だと反駁、この勧告案が採択されれば連盟を脱退すると主張し、脱退意見を政府に提出した。政府は初め自重論が強かったものの、連盟総会が近づいた昭和八年二月二十一日、勧告案が採択されれば連盟を脱退する、との閣議決定を行った。

正剛はその日、日比谷公会堂で開かれていた国際連盟脱退促進「国民大会」で、連盟脱退の支持演説を行っていた。

「政財界の上層老年者は、満州事変を日支の外交問題として適切に処理する見識も度胸も経綸もない、ただ躊躇逡巡して軍に引きずられるままである」と言って厳しい批判を浴びせ、「無為有閑の上層階級」の優柔不断と政治・外交の無能ぶりに鉄槌を加えた。

演説の主眼は政治革新によって強力政治を促すことであった。連盟を脱退して名誉の孤立を迫ることが上層者を覚醒させ、政治改革の端緒になると信じていた。だが、連盟脱退の支持は、正剛の意に反して陸軍の野望を支持する結果となった。陸軍は満州事変を中国との外交問題にせず、あえて国際連盟に持ち込んで日本の孤立を希望していた。

関東軍は同月、満州国の領土だと声明して熱河省を占領。その直後の二月二十四日、国際連盟総会は日本の軍事行動を侵略と断定し、満州を列国の共同管理に移すとの勧告案を賛成四十二票(反対一、棄権一、欠席十二)で採択した。松岡はそれに従えないとして退場、日本は三月、正式に国際連盟を脱退した。世論は圧倒的に脱退を支持し、松岡は空前的な歓迎を受けて帰国した。

一方、熱河作戦を終えた関東軍は、昭和八年五月、塘沽《タンクー》停戦協定を結び、長城以南に非武装地帯を設定して、一応満州事変を終結させた。このころ国民政府の蔣介石はまだ共産軍の討伐に全力をあげていた。

日中戦争（昭和八—十四年）

正剛の危機意識

昭和八（一九三三）年は正剛にとって一つの転機となる年となった。妻多美子が五月に風邪を引き、無理をして肺炎を併発させた。肺炎の予後に肋膜炎を起こして病気は長引き、正剛の気分は沈んでいた。泰雄はそのころの様子を、「正剛の欠点をよく知っていて、とかく才気と強がりにはしりがちの傾向をなにかと注意して、正確に反省をうながしていた多美子が、病床について、家の切りまわしもできなくなったばかりか、正剛に自分の意見を述べる体力をなくしてしまったことは、正剛にとって物足りなさと空白の思いをよびおこさずにはおかなかった」と述べている（『政治家中野正剛』）。

前年十二月、正剛は安達謙蔵とともに国民同盟を結成していたが、民政党の花形として活躍していたころに比べて、焦燥感を感じていた。そんな中、日本講演通信社に講演を依頼され、日満及び沿海州と中国を含む「アジア・モンロー主義」による経済ブロックを提唱して、元気を取り戻した。さらに十月には遞信同志会の統令に就任し、それと前後して東方会を再建した。

早速、東方叢書として『国家改造計画綱領』を公刊した。満州事変以後の内外情勢を「世界的一大非常時」と考え、官僚と軍部の道具と化した議会政治と政党政治を再建するために合法的に一定年限、内閣に独裁的権限を委任するという非常時乗り切りの「政治機構の改革」であった。

この「独裁」の言葉尻を捉えて「日本のヒトラー」とかファシズムと呼ぶ人もいた。しかし正剛の根本理念は、国家社会主義的な上からの独裁ではなく、国民の意志を政権の基盤とする社会国民主義的な強力政治による民衆政治の実現にあった。

『国家改造計画綱領』が出版されて間もない十一月、「国家改造の指標」と題して東方会主催の講演会を日比谷公会堂で開いた。正剛は三千名以上の堂内の聴衆と場外に溢れる数千名の聴衆を前に、国家改造の所信と国民運動の必要性を提唱した。

満州事変の軍需景気と貿易の拡大で新興財閥が台頭し、旧財閥とともに満州・朝鮮に進出して産業界は活況を見せ、事変が収まると大政治家や利権屋が押し寄せて地所を買い占め暴利を得ていた。反面、国民生活はそれほど向上せず、農村は窮乏のどん底に取り残され、労働者は低賃金に押さえられて実質収入は低下している。正剛はこの現状を憂い、「これを乗り切ることが今日非常時を指導する者の任務であり、その指導者を鞭撻して押し切っていくことが、非常時民衆の圧力でなければならぬ」と呼びかけた。

続いて列国の緊迫した政治情勢を説明して「強力政治」の必要性を強調した。

一九三〇年代の世界は世に言う「政治の季節」で、列国は強力政治の時代に突入していた。ドイツではヒトラーが独裁権を得て国民の熱狂的支持を受け、イギリスではチェンバレンからチャーチルへ、アメリカではフーバーからルーズベルトへ、イタリアではムッソリーニへ、ソ連ではスターリンの独裁体制へ、中国では毛沢東が台頭して抗日民族統一戦線が結成されている。

激動の世界情勢を述べる正剛の胸には、ひとり日本だけが安閑としてはおれないとの危機感が沸々としていた。正剛は、国民の思想が激化する原因は、背後に生活の不安があり、利権や金権で動く不正が蔓延しているからで、腐敗した政治にこそ思想悪化の根本原因があると指摘、痛烈に政治家批判を繰り広げた。

「彼らが何にも言わないのは、臆病も一つはあるが、彼らの胸中国民を指導すべき何物もないからである。この時代に対する認識があって、この込み上げてくる自己の衝動があれば、それは何ものをも恐れず表現されようが、彼らには胸の底から込み上げてくるものもない。既成的政治家にはなにもないのだ。どこにも有力なる指導がないから、ここにもかしこにも人心が逼迫する。そこに直接行動の危険が生まれてくるのである」

そこで「国家の不安をのぞき、外来の難のためにも国民大衆が起たねばならぬ」と、国民の意志を反映する政治勢力の結集が喫緊の課題だと訴え、労働者、農民、技術家、会社員のすべてが団結し、「その団結を組みあわせ、もって国家的団結に発展させ、これを中心とする一大国民運動が編成されるにあらざれば、日本の危機ははてしなきところに発展してゆく」と憂えた。

この日の日比谷演説は正剛にとって国民運動の必要を直接人々に訴える大衆演説への第一歩となった。

当時の政治情勢は、軍部、官僚、財閥、政党の「寄木細工」で、政治的中心がなく、政党は力を失い、政治家も無力なため、国民は政治への期待が持てなかった。しかも農村の現状は、疲弊や窮乏から立ち直れず、軍部でさえ「農村問題の解決は作戦上絶対に必要である」と主張するほどの深刻さであった。

昭和初期は、金融恐慌から世界恐慌、農業恐慌へと続き、深刻な不景気に陥った。対米対中輸出も激減して、生糸や繭の価格が暴落、養蚕農家にも大打撃を与えた。昭和五年ごろの失業者は、帰農者の数を含めれば約三百万人と推定されている。当時全国総戸数の約半数以上は小農経営の零細農家（自作農は三分の一、ほかは小作農）で、特に小作農や貧農の窮乏を決定的にした。昭和五年は大豊作で米価が暴落、六年は大凶作で、東北地方は冷害で種モミまで食いつぶし、七年の欠食児童は全国で二十万人を超えると推定された。昭和八年の農村は膨大な負債を背負い、娘の身売りや給料の不払いなどの社会問題を引き起こすようになっていた。

昭和九年の一月議会（第六十五議会）で、正剛は齋藤内閣の施政演説に対し、行財政全般に関し質問を展開した。

「文明諸国で財政安定という時は、国民生活の安定、失業問題の解消、生活の向上と関連づけて論じるものである。しかるに帝国議会においては不可思議にも国民生活の情勢には少しもふれない。今日五、六十万の失業者を路傍に転がしておくのは政治の統制力なき結果である。計画なき財政の膨張は放慢に過ぎない」と高橋財政を批判、「公共的社会投資の拡大と完全雇用を目指す経済政策を断行せよ」と迫った。後藤文夫農相には、蔵相から「未熟」と言われないだけの農村救済対策の樹立を求め、そのためには「農民の信頼、農民の熱情、農民に対する愛、同情、そ

元気なころの多美子（自宅庭にて。中野泰雄氏提供）

れを貴方の身体でもってこなし、貴方の身体を白熱してぶつかる熱情と切実感と信念がなければばならない」と力説した。

広田弘毅外務大臣への質問では、「正義を基礎にして国際的に衡平を要求する決意が有りや否や。来るべき軍縮会議においてパリテイ要求を基調にして外交に当たる決意が有りや否や、大臣としての自信と気魄、気概の有無や如何」と問い糺した。正剛の迫力溢れる質問に、議場はしばし万雷の拍手に包まれた。

正剛はさらに『帝国の非常時断じて解消せず』との小冊子を書いて世に訴えた。

中野家では、妻多美子が肋膜炎を再発して肺結核になり約一年を経過した昭和九年六月三十日、四十歳を一期に他界した。正剛は多美子の死について、自刃の遺書の一枚に「昭和九年来独身の仏壇守として生きたる也」と書き記しただけで、ほかには何も書いていない。正剛にとって多美子は「永遠の女性」であり、自分でつけた多美子の戒名「慈音院釈民耀大姉」の「慈音院」にその思いを込めている。「しかし」と言って自分の意見を述べる多美子を、正剛は「おシカ」とか「おシカさん」と戯れに呼んでいた。多美子は生得口数が少なく、控え目で辛抱強く、内面の安定を失わぬ柔和さから「観音の化身」とまで言う人もいた。

七月、齋藤内閣に続いて穏健派の海軍大将岡田啓介が組閣した。この時、国民同盟では少数野党に我慢し切れず、安達の入閣運動をしたり、民政党への復帰を促したりする者がいた。しかも岡田内閣が民政党を与党にしたことから、民政党に同調する動きがより強くなった。しかし中野派は、岡田内閣への協力も民政党復帰にも反対して、国民運動による政党政治の改革を目指した。

九月、正剛は雑誌「我観」を東方会の機関誌にして、その十月号の時評で新官僚を「軍部同体で政党政治を去勢する官僚ファッショ」だと指摘した後、「政治家も官僚も共に天下の経綸を行なう強い意志と気魄を持ち、たとえ自らの屍を溝や谷に曝そうともかまわない気持ちで国事に臨まなくてはならない」と、「新官僚」に依存する岡田内閣と政党の現状を批判した。

正剛は石原莞爾や政治に不満を持つ改革派の将校たちと同様、軍の基礎（兵営・兵士）は国民大衆と農民であるから、軍は国民国家の機関として理想的に機能するものであり、真に国民大衆を把握する自信が政党にあれば、軍部に気兼ねして主張を曖昧にすべきではないと信じていた。

「今こそ政党は万機一新して大衆の中に融け入るべきである。そして民衆から離れてきた政党を立て直し、国民大衆を基礎にした政党へ新機更生を図るべきだ」と強調して、政党の堕落を戒め覚醒を促した。

陸軍パンフレット問題

昭和九（一九三四）年十一月の臨時議会において、正剛は国民同盟を代表して岡田内閣の施政演説に対し、二時間にわたる代表質問を行った。年々うなぎ上りとなる軍事費の危険性と放慢なインフレーションによる経済の二重構造の拡大を指摘した後、「陸軍パンフレット」（陸軍省「国防の本義と其強化の提唱」九年十月発行）を取り上げた。

「陸軍パンフレット」は挙国一致の精神を求めて思想と経済の両面で総動員体制を提唱するものであるが、そのために「軍事予算を突出させればその他の施策は貧弱になる。そうなれば『国民大衆の生活をもって軍の力の基礎をなす』と述べているパンフレットの精神にそむくものである」と指摘、少壮将校の間に政治への改造意識が燃えていることは、兵営の基礎をなす農村の窮乏と政治の貧困が源流であるとして、政府に責任を果たすようにと迫った。さらに、「パンフレットに記述した農民対策に責任を持つべし」と、陸軍大臣に詰め寄った。返す刀で、陸軍パンフレットを逆手にとることさえもできない政党の無力な現状を批判した。議場は政府を攻撃する時は歓喜の拍手を送ったが、既成政党を批判する時は反感をむきだしにした。

続いて正剛は、満州への官僚の進出を問題にして岡田総理に迫った。

「満州国は国家草創の重要な時に、国の開発を誘導する教養も素質もない人間が官僚のはけ口として続々送り込まれ、今や官僚貴族を現出させている。……数ばかりが殖えて仕事がない。勤勉なるが故に、彼等は常習として法律をつくる。法律をつくるから金が要る。法を設けて金を取る。金を取るが故に又人を要する。そこで日本官僚群のことを、匪賊の匪をつけて官匪といい、法を設けて事を面倒にするが故にこれを法匪という。官匪・法匪である。これで満州の統治が旨く行きますか。王道楽土を建設するということは日本が満州国識者とともに世界に宣伝した言葉じゃないですか。……王道とは常識的道徳政治をやるということである。……何よりもまず満州国を建国本来のあるべき姿にもどすべきだ」

岡田内閣は陸軍省が提議した在満機構改革案（外務・拓務両省に所属する満州事務を対満事務局に統括して陸軍大臣が事務局総裁を兼任、関東軍司令官は駐満大使と関東長官を兼務）を紛糾の末陸軍に押し切られ、去る十月に決定していた。この時、岡田は陛下から「そういうことでいいのか」と念を押された。岡田は「心の中では決していいとは思っていなかったので申し上げようがなくて非常に困った」、「歩一歩と陸軍に押されて陸軍の内政干渉が浸潤していったことについて、今思えば私も弱かったと反省せざるを得ない」と『回顧録』で述べている。

昭和九年、日本は溥儀を皇帝にして国号を満州帝国とした。その後「二キ三スケ」（星野直樹＝総務長官、東條英機＝関東軍憲兵司令官・参謀長、岸信介＝総務庁次長、鮎川義介＝満州重工業開発総裁、松岡洋右＝満鉄総裁）と称される「鉄の三角錐」（山室信一『キメラ――満洲国の肖像』）によって支配体制を強化し、帝国主義的傀儡《かいらい》国家をつくり上げた。

この時、日本が覇権に驕らず、満州国を建国本来の「五族協和の王道楽土」の独立国へ指導・育成していれば、日中戦争を引き起こすこともなかったであろう。

皇道・統制両派の争いと岡田内閣

陸軍軍部の政治支配が強くなる中、軍内部で皇道・統制両派の派閥争いが表面化してきた。皇道派は真崎・荒木両大将を中心にした多くの青年将校たちが、天皇親政のもとに軍の独裁を確立し、対外的にはソ連への防壁として満州経営に専念せよと主張した。さらに荒木陸相時代に軍の要所を占める人事を行った。一方、統制派も国家改造の目的では皇道派と共通していたが、三月事件や満州事変、十月事件を通じて、戦争政策を進めればクーデターによらずとも軍部の独裁ができると考えるようになった。統制派は永田鉄山、東條英機、武藤章らを中心に、重臣や官僚、財閥と提携して、満州のみならず大規模なアジア大陸の経略を企て、軍の統制・団結を主張した。

昭和九（一九三四）年一月、荒木陸相の病気辞任を機に、統制派は永田鉄山を中心に林銑十郎陸相を実現させた。永田は三月の異動で軍務局長となり、八月の定期異動で皇道派を排除する人事を行って陸軍の実権を掌握した。このことが引き金となり、八月、皇道派の相沢三郎中佐が陸軍省内で永田軍務局長を惨殺するという事件が起こった（相沢事件）。

　両派の暗闘が激化する十一月、皇道派の村中孝次ら三人の将校と陸軍士官学校在学中の士官候補生五名が、クーデター計画を共謀したとの理由で逮捕された。その軍法会議で、事件の真相は統制派幕僚の捏造《ねつぞう》によるものと明らかになったものの表には出されず、村中ら将校三人は停職、士官候補生は退校処分とされた。憤激した村中は統制派の辻政信、片倉衷《ただし》ら教官を誣告《ぶこく》罪で告訴、もとは皇道派粛清のための陰謀によるものであるから、断乎として軍自体の廓清《かくせい》を決行せよと迫った。しかし、軍部は転任などの内々の人事で事を済ませた。

　明けて昭和十年二月、美濃部達吉の「天皇機関説」が反国体思想として政治問題へ発展した。皇道派や右翼・革新団体は、天皇機関説は「不敬」の印象を与え国体観念にもとるとして撲滅運動を展開、統制派と「同体」の新官僚が支える岡田内閣の攻撃に立ち上がった。正剛は「我観」五月号で、「天皇機関説排撃の運動は、憲法の解釈論ではなく、時代に渦巻く改造気分の漏洩《ろうえい》で、その病巣は現状維持的な政権の壟断《ろうだん》にある」と指摘した。

　正剛は学説として天皇機関説を肯定した。しかし、元老・重臣、政府上層部が天皇を機関として利用することにより権力を独占し、現状維持的であることに対して、皇道維新派の青年将校と同様に改造・革新の必要を痛感していた。頭山満が右翼行動派の中心として「機関説撲滅運動」の先頭に立っていることには、その動機を理解して支持した。

　政府は同年八月、「国体明徴声明」を出して美濃部説を否認、美濃部の著書を発禁にして機関説問題を決着させた。二年前、京大教授瀧川幸辰《ゆきとき》の刑法学説が赤化思想とされた時は、多くの知識人が学問・思想の自由を守るために闘いを支持した。だが今回はそれも見られず、時代は「天皇」や「国体」の名を持ち出せば、どんな不合理でも通用する風潮へと変転していた。

岡田内閣は政府の地位の強化を図るため、国策審議機関として内閣審議会と付属の内閣調査局を設置した。正剛は、それは「準元老と称されるお歴々で、国民の要望によって下から湧き出できた泉ではなく、上から注ぎ込まれた溜まり水である。だから審議会は消極的に存在するのみで、なんらの積極的発動をなさないであろう」(「我観」六月号)と述べて不信感を表明した。

正剛の予言通り、審議会は形式的に利用されるだけで、付属の調査局は統制派と直結する「新官僚」が実権を握り、国防国策の立案機関となった。岡田首相は『回顧録』で、「本尊の審議会はその後廃止になったが、付属調査局は内閣企画庁となり、資源局を合併して企画院に発展し、結局陸海軍が政策を左右する中心になってしまった。してみると、これも私の失敗の一つだった」と述べている。

齋藤内閣も岡田内閣も挙国一致を標榜しながら、これまで国民同盟に参加を求めなかった。ところが今回、岡田内閣は安達を内閣審議会に懇請した。正剛はその真意を「非常時の切迫」で心細くなったからであると言っている。こうしたご都合主義の岡田内閣が設立した「軟派政客」ばかりの審議会に安達が加わることは、革新に燃える正剛にとって到底認め難いことであった。とはいえ、恩義ある安達を自分の政治論に同行させることも忍びない。そこで「もし時窮して節すなわち見るべくんば一言以て天下の事を決すればよい」と、国のためにその役割を果たすように激励し、自分もまたその立場において進むべき道があると書いて、安達への決別の辞とした（同前誌）。

正剛は、国民同盟が時流の国家社会主義的方向に流れて国民運動の拠点とはならず、既成政党との妥協によって小政党の命脈を保とうとする動きに失望し、国民同盟を離れて、あえて苦難の道を自分の進むべき道と定めた。

蔣介石と会見

昭和十（一九三五）年十二月、正剛は国民同盟を脱退した後、「東方会北支視察団」を編成して満州国へ入った。その後、華北（北支）、山東、上海、南京を視察して蔣介石との会見を予定した。

当時、華北は「東洋の火薬庫」と呼ばれていた。関東軍は同年十一月、塘沽《ダンクー》協定で設定した河北省東部の非武装地帯に傀儡政権の冀東《きとう》防共自治委員会（のち自治政府と改称）をつくった。皇道・統制両派に中立的な参謀本部の石原作戦課長は、介入を控えるよう関東軍に要請したが、統制派軍閥と関東軍はこれを黙殺、第二の満州国を企図し、華北五省（河北、山東、山西、綏遠《すいえん》、チャハル）の分離工作を進めた。このような日本の華北工作に、中国共産党はもとより国民政府も危機感をつのらせて抗日態勢を整え始めていた。そんな緊迫した情勢を背景にした蔣介石との会見である。二人は辛亥革命以来の知り合いであった。

蔣は旧交を温めるように、「北支のほうをゆっくり見て頂いたようですが、北支はどうでしょう。あんな風でいいでしょうかな」と、婉曲に日本批判を込めて正剛の所見を求めた。

正剛は日本の華北進出への論争を避け、「もし、北支の部分的摩擦を忌み嫌わるるならば、日本と支那とが全面的に融合して、部分的摩擦の原因を解消させてしまう外はない」と言って、日中の攻守同盟と経済的融合を提案した。蔣介石は中国共産党を敵にするよりも日本を敵に回さずにすむことを求めていたので、「中華民国と日本との全面的融和、大乗的提携、それを日本側において本当にやる人があれば、やりましょう」と答えた。

正剛は、日本の駐華大使が軍部の手先になって排日を根絶せよなどと中国に圧力をかけて、かえって排日・抗日の感情を刺激したために、蔣が抗日戦の準備を進めているとの噂を側聞していた。そこで、「貴下はいざという場合、四川省の成都に退き、そこを最後の堅塁とし、英米露の力を借り来って、日本と戦わんとするのではないか」と尋ねた。すると次のように明解な答えが返ってきた。

「ソ満国境ではソ連も日本も共に戦いの準備をしている。しかしソ連は日本に対して攻勢には出ないし、英国も容易に出ない。たとえ日中が戦うことになっても、ソ連も英国も簡単に中国のために立ち上がってはこない。その場合、日本が中国の要所になだれかかってくれば一時は猛威を振るうだろう。だが、中国の全面的抗日に日本は軍隊を全支の野に暴露せねばなるまい。そうなれば、支那全国の経済も、産業も混乱するであろう。日本の対支経済も全滅するであろう。日本の兵も、財も、夥しく濫費せらるるであろう。かくて中国は破滅に瀕し、日本は疲弊するに及びて、その時こそ極東に対して虎視眈々たる列国は動き出すであろう。この時、難を蒙るものは民国のみでなく、日本もまた免れ得ないのではないか」

蔣介石はそのように日中戦争の結果を予言した。しかし、「日本と戦争をするなどという馬鹿げた計画は立てられるものではない」と答えたことから、蔣は日中の「唇歯輔車《しんしほしゃ》」の関係を体得していると正剛は理解した。

昭和十一年一月十八日、帰国したその日に正剛は広田外相に会って打開策を提案した。

「情勢かくの如し。あなたはついに支那と戦争をするのか。全支那をひっくるんで日本の腹中に収め、それで世界の舞台に仁王立ちに立つのか」と正剛が問うと、「無論、支那人の心をとって一緒に立ちたい」と広田は答えたが、外務省には命を投げ出して事に当たるという犠牲的志士が見当たらないという。

「広田さん、あなたおやりなさい。しかし自惚れちゃいけない。蔣介石はあなたを怖いとも何とも思っていない。やろうと思えば何としても支那に対する一大威力は関東軍、……石原は百錬の鉄の如し。板垣（当時関東軍参謀長）は大地の如し。……板垣を引っぱって二人で上海に行って蔣介石を呼びなさい」。そう言って正剛は直接談判を提案した。

しかし広田は「御趣旨はごもっともだが」と、答えを濁した。

官僚肌の広田に果断な行動と知謀は望むべくもなかった。その後二年も経ずして日中戦争が始まり、両国を破滅と疲弊に追い込むと答えた蔣の予言が的中することとなる。

二・二六事件から広田内閣へ

正剛が中国から帰った昭和十一（一九三六）年一月、陸軍内部は相沢事件の軍法会議を通じてガタガタになっていた。皇道派は、公判の過程で統制派が元老・重臣・財閥・政党の現状維持派と結託して、軍内部の革新運動をつぶそうとしてきたとして激しく攻撃、粛軍を迫っていた。そんな中、皇道派の拠点となっていた東京第一師団の満州移駐が決まった。そこで皇道派の青年将校らは、満州に派遣される前に内外の行き詰まりを一挙に打開せんとしてクーデターの決意を固めた。

二月二十六日早暁、青年将校二十二名は第一師団などの兵千四百余名を率いて、官邸を襲撃した。「蹶起趣意書」には、「不逞凶悪の徒簇出《そうしゅつ》して私心我慾を恣《ほしいまま》にし（略）万民の生成化育を阻《そ》碍《がい》して塗炭の痛苦を呻吟せしめ随つて外侮外患日を逐うて激化す。所謂元老、重臣、軍閥、財閥、官僚、政党等はこの国体破壊の元兇なり」、「茲《ここ》に同憂同志機を一にして蹶起し奸賊を誅滅して大義を正し国体の擁護開顕に肝脳を竭《けつ》し以つて神州赤子の微衷《びちゅう》を献ぜんとす」と表明した。

齋藤内大臣や高橋蔵相、渡辺錠太郎陸軍教育総監らが殺害され、鈴木貫太郎侍従長は重傷、岡田首相は危うく難を逃れた。蹶起軍は首相官邸や陸軍省を含む永田町一帯を占領し、皇道派総帥の荒木、真崎による「昭和維新」の実現を迫った。動揺した陸軍上層部は、当初、蹶起を容認する陸軍大臣告示を出したが、対応は二転三転した。ようやく三日目の二十八日、奉勅命令により、蹶起軍を「反乱軍」として鎮圧に踏み切り、事件は天皇の威令によってたちまち終結した。

三月、非公開、無弁護一審制の特設軍法会議が開かれた。第一次判決で、村中孝次、磯部浅一ら蹶起将校十七名と、彼らの革新思想に連座して北一輝と西田税《みつぎ》が死刑判決を受けた。その他の皇道派将校は幇助《ほうじょ》罪や人事異動で退職させられ、軍の重要ポストは統制派が独占した。皇道派が求めた粛軍と国家改造の昭和維新は水泡に帰し、統制派軍閥の強化と軍国主義的支配体制を一層躍進させる結果となった。

岡田内閣は二・二六事件によって総辞職、三月、外相の広田弘毅が後継内閣を組織することとなった。統制派軍閥は政治に対する発言権を一挙に強化し、広田が推薦した閣僚候補の半数以上を入れ替えさせ、国防の強化と国策の樹立を約束させて組閣に同意した。

正剛は「我観」四月号で、広田の組閣姿勢とその動向を風が正反対に転じる朝凪夕凪にたとえて憂慮している。

「常識を以てすれば、これだけの根本信念に対する反対を受けては、むしろ信念に殉じて投げ出すのが当然である。（略）広田氏は軍部の指導精神を受けいれて、観念的に飛躍した。自由主

組閣の朝の広田弘毅と家族（進藤家提供）

義的色彩から超非常時的色彩にまで豹変した。（略）この無風情勢は確かに変事をはらむ無風情勢である。吹く風の動向を一変する前の無風情勢である」

　広田内閣は軍部の意のままに四月に支那駐屯軍を増強し、五月には「軍部大臣の現役武官制」を復活させて将来に大きな禍根を残すこととなった。広田は「庶政一新」を旗印に掲げたが、その立案は「新官僚」が握り、六月には帝国国防方針を改訂して（主要仮想敵国はアメリカ・ソ連、次は中国・イギリス）、一挙に「準戦時体制」へと舵を切った。

　正剛は、大きく転換してきた政治情勢に対し、「内なる民主主義」と「外なるナショナリズム」を掲げて東方会を政治結社として発足させた。雑誌「我観」も「東大陸」と改称、その六月号で広田内閣の当面する課題を論じた。

「満州事変、五・一五事件、二・二六事件は、日本内外の環境がこれを生み出したものであって、単なる偶発事ではない。その由来する根底を一掃することが今日の急務であって、（略）社会の病根を芟除《せんじょ》し、社会の空気を明朗にして、不穏思想発生の余地なからしむることである」

さらに各地の演説会では、「軍部の外交に対するデシャバリを厳封」して、真に「庶政一新」に徹すれば、二・二六事件の禍を転じて福となすことができると説き、課題は政治変革にあると指摘した。しかし、広田内閣は政治改革に手をつけることなく、「庶政一新」の旗は軍部の暴風によってもろくも名目倒れとなった。

八月、広田内閣は軍の意のままに「国策の基準」を「東亜大陸に於ける帝国の地歩を確保する」ことと定め、大東亜共栄圏構想や対ソ戦略、中国侵略、南方進出など、南北並進の方針を決定した。さらに、昭和十二年度予算に軍備拡張費を計上し、「準戦時体制」の強化を突き進めた。この時、戦艦大和の建造費が「軍極秘」として計上された。

暗雲はらむ華北工作

昭和十一（一九三六）年、関東軍（参謀長東條英機）はこれまで独断独自に進めてきた華北五省の分離工作を、政府の政策として正式に決定させた。四月に日本政府が支那駐屯軍を増強したのは、中国共産党の華北進出と抗日運動への対策であったが、これがますます華北情勢を緊迫化させていた。そんな中、関東軍は内蒙古に軍事援助を行い、十一月、赤化防止を理由に内蒙古軍を綏遠《すいえん》へ侵攻させた。内蒙古を中国から独立させて親日政権を樹立させる狙いであったが、中国軍の逆襲にあって計画は失敗した（綏遠事件）。

この時、日本政府は南京で華北問題を議題に関係改善の交渉を進めていた。しかし、綏遠事件が国民政府の態度を硬化させ、交渉は停止、抗日運動に油を注ぐ結果となった。他方、広田内閣は同月、ソ連を対象に日独防共協定を締結した。

国内世論は綏遠事件や対中国交渉の失敗などで政府への非難を高じさせていた。そのさなかの十二月、中国の西安で事件が起きた。国民政府は延安の共産軍に総攻撃を加えるため、張学良の東北軍を西安に集結させていた。ところが東北軍は、国共の内戦をやめ、綏遠に出動して日本軍と戦うことを要求、蔣介石はこれを抑えるために西安に赴いた。張学良は兵士と民衆の抗日意欲に押されてクーデターを起こし、蔣介石を監禁して国共内戦の停止と抗日を迫った（西安事件）。さらに延安から来た中国共産党の周恩来も張学良とともに蔣介石を説得、三者はそこで内戦停止と抗日で合意し、蔣介石は「抗日民族統一」を決意した。こうして中国は華北の失地回復と、「連英排日」の抗日民族統一戦線の結成へと突き進むこととなった。

正剛は満州・中国視察の旅行中に綏遠事件と西安事件に遭遇した。西安事件で正剛は蔣介石の殺害を予想して将来を憂えたが、蔣は生きて南京に帰還し、市民の歓迎を受けた。

正剛は前年に広田外相と会って蔣との直接会談を提案していたが、それも今は幻影となり、日本政府は新たな対応に迫られた。正剛は、「日本は今までは抗争するも、妥協するも、一蔣介石政府を相手とすればよかったが、これからは支那が両頭の蛇はおろか、百頭の蛇、千頭の蛇となり、首尾こもごも日本を嚙むの勢を長じはしないか」と危惧し、「日本は依然として華北分断の矛を収めず、窮迫せる蔣介石政府の面子を蹂躙することのみ興味を持ちて、彼に何を与え彼より何を得べきかの定見を有しなかった。しかも露骨な華北政策と威嚇外交を押し通せば、両国の前途に何等の光明も見出すことは出来ない。日本外交の拙劣さ故に蔣介石が日本にそむきてソ連に、英国に、欧米に秋波を送らざるをえなくなるのは、むしろ理の当然ではないか」と、蔣の心中を推し量った。

広田内閣は、「抗日民族統一」の大蛇に変身した蔣介石に全く打つ手を失い、軍部の意のままに国家総力戦体制・戦争体制へと歩を進めた。このため、経済的困難と反軍的な気運が生じ、国民の間に不安と不満が広がってきた。折しも、昭和十二年一月議会で政友・民政の両党が官僚の独善と軍部の専制的体質を批判し始めた。政友会の浜田国松が「腹切り問答」で寺内寿一陸相と激突し、陸軍と政党の正面衝突となり陸軍が議会の解散を要求、その結果、広田内閣は総辞職した。後継首相に陸軍の長老宇垣一成が推されたが、宇垣は軍縮に協力したということで陸軍が拒み、元陸相の林銑十郎が組閣した。

参謀本部の石原作戦課長らは、林に板垣征四郎を陸相にして政治革新を図るとの了解をとっていた。しかし組閣の蓋が開くとそれが反古にされ、革新への期待は誤算に終わった。正剛は「東大陸」四月号で「我が現代社会の摩擦は一大革新を必要とする社会情勢の上に、現状維持的勢力が堅く蔽いかぶさっているから生じたのであるのに、次々に現状維持派の政権タライまわしを演ずるようでは、社会情勢の緩和など望み得べくもない」と批判した。

そんな中、議会では政・民両党が既成政党に有利な選挙法改正案を提案、新聞はこれを党利党略として非難したが、法案は衆議院を通過した。そこで林内閣は政党への不評を利用して、一挙に親軍政党の形成を目論み、昭和十二年四月、突如議会を解散して総選挙を断行した。選挙結果は、民政党百七十九、政友会百七十五、社会大衆党は三十六議席に倍増した。この時、東方会も十一議席を得て、一勢力の面目を保った。

選挙後、正剛は全国から五十名の同志を集めて、東方会の宣言、綱領、役員などを決定、東方会は「国民主義であり、全体主義であり、総合的公益統制経済を信条とし、殊に国際関係の整調と、国内革新の断行」を目指すとした。ところが「全体主義」の言葉を捉えて、新聞から右翼として叩かれた。全体主義は当時の世界的な趨勢であった。しかし正剛が主張する全体主義は、ファシズムやナチズム、ボルシェビズムなどの特定勢力や階級的一党独裁ではない。また軍部などが主張する一国主義的独裁的な「国家社会主義」の全体主義でもない。「明治民権史論」以来培ってきた自由民権思想を基軸に、国民全体に権力の基盤を置く社会国民主義＝ソーシャル・ナショナリズムによる国民主義的強力政治の実現を期するものであった。

盧溝橋事件から日中戦争へ

林内閣は総選挙後も不評判で、出身の軍部からも見放され、昭和十二（一九三七）年五月に総辞職した。続いて六月に強力政治への輿望を担って近衛文麿が組閣した。

近衛は五・一五事件の後、軍人に先手を打って政治革新を実行するよう西園寺に進言した経緯がある。正剛は近衛と政治革新の上で共通していたし、強固な信念と行動力に加え人気もあったので、強力政治を行う上では得難い人材のはずであった。ところが、昭和研究会（近衛の政策研究集団）に所属していた早稲田同窓、風見章が書記官長として入閣した。四男泰雄はその理由を、「性急で過激な性格と、義足を引きずる気負いこんだ態度は、かれが石原の意見を積極的に支持していることと共に、近衛にはあまりにも野心的で、あまりにも軍部を支持しすぎていて、不安に思われたにちがいない」と推測している。

国民は近衛の強力政治と政治革新の実現に大きな期待を寄せていた。しかし、組閣されると人材に新味はなく、広田・林内閣を踏襲する現状維持的な顔ぶれとなった。

近衛内閣成立の二日後、関東軍参謀長東條英機は、華北で強まる抗日民族運動を「赤化の脅威」と強調し、対ソ作戦準備の見地から、「今のうちに国民政府に一撃を加えておかねばならない」と進言した。その一カ月後の七月七日、支那駐屯軍の一部隊が夜間演習中、盧溝橋付近で中国軍から発砲を受けたとの理由で両軍が交戦。十一日、発砲は双方の誤解として、現地で停戦協定が結ばれた。この間、陸軍中央は、「この際中国を叩け」との意見と「現地解決」との意見に二分された。杉山元《はじめ》陸相は参謀本部の石原第一部長らの進言で現地解決の方針を選んだ。閣議はこれを確認し、同時に内地動員の三個師団と関東軍及び朝鮮軍からの増兵を決定した。政府は派兵への「重大決意」を示す声明を出し、近衛は政財界と言論会の代表を集めて政府への全面協力を要請した。このことが十三日の新聞各紙に大々的に取り上げられ、戦争熱をあおる記事が満載された。

日本の増・派兵の決定は、現地軍と中国側を刺激して小競り合いを起こし、中国共産党は危機感をあおって国共合作による全面交戦を呼びかけた。当初、局地的解決を望んでいた国民政府の蔣介石も、十九日に「国家存立のため抗争すべき」との声明を出し、国民政府軍の一部は黄河を越えて北上を開始した。

内地と満州からの増援部隊が天津地区に到着した七月二十七日、日本軍は北京・天津を明け渡せとの最後通牒を発して総攻撃を開始した。こうして始まった軍事行動は、もはや軍中央や政府の思惑とは関係なしに進展、八月には上海に飛び火して海軍の陸戦隊も戦端を開き、関東軍もチャハル作戦を開始して内蒙古へ侵攻した。

蔣介石は中共が提唱した国共合作を正式に認めて抗日民族統一戦線を成立させた。中共軍も華北で八路軍、華中では新四軍として戦線に加わり、中国は民族挙げて抗日戦に突入した。当初、「盧溝橋事件」と称していた局地的な戦いは、こうして宣戦布告のない全面的な日中戦争へと拡大していったのである。

参謀本部の石原は、全面戦争と長期消耗戦への危険を予測し、事変の拡大を阻止するため、近衛首相と蔣介石との直接交渉を杉山陸相に提案。しかし杉山陸相は、短期間で首都南京を占領すれば国民政府は抗戦をあきらめると主張する陸軍主流の意見に傾いており、説得することはできなかった。石原は海軍の嶋田軍令部次長にも、天皇への御進講において外交折衝による事変の解決を促すことを進言した。さらに石原は内閣書記官長の風見に電話し、近衛首相と蔣介石との直接談判による解決が最善だと伝えた。近衛は同調したが、風見は近衛の健康状態と首相の立場を心配して代役を広田外相に諮った。だが広田は確たる返事をせず、直接談判の道は閉ざされた（風見章『近衛内閣』）。

当初、日本政府も陸軍主流も全面的な長期戦争になるとは全く予想せず、「一撃すれば中国は屈服する」と思い込み、杉山陸相は天皇に二カ月で片付くと上奏した。しかし二カ月過ぎても中国軍は屈服しなかった。事変の拡大を危惧した石原は、極秘裏に駐華ドイツ大使トラウトマンへ和平工作を働きかけたが、九月末、関東軍参謀副長に転出させられ、トラウトマン工作は立ち消えとなった。

正剛は「東大陸」十一月号で、石原と同様に日中戦争を外交的に収束させることを主張した。その時期は、「上海の陥落か南京攻略の時こそが好機で、この際、日本に絶対の好意をもっている独伊大使を煩わすことが適当ではないか。支那の立場を考えれば、米国を仲裁の列に加えてもよいのではないか」と述べ、第三国の仲介を提案した。

近衛は、第三国の斡旋があれば仲介を受諾するとの方針を決め、駐日ドイツ大使を通じてトラウトマンに斡旋を依頼した。

昭和12年，ナポリに向かう白山丸の船上で（前列左が中野正剛，後列中央は進藤一馬。進藤家提供）

十一月十一日、軌を一に正剛は国民使節としてドイツ、イタリア訪問に旅立った。同日の壮行国民大会では、徳富蘇峰ほか名だたる名士が次々に壮行の辞を述べ、頭山満の音頭で万歳が三唱された。最後に正剛が挨拶に立ち、三千余の聴衆が九段から東京駅まで行進して見送る盛大さとなった。

正剛が出発した同じ日、日本軍は杭州湾《ハンヂョウワン》に大軍を上陸させ、膠着状態の上海戦線をようやく突破して南京攻略を目前にしていた。陸軍の強硬派はその余勢で杉山陸相を突き上げ、広田外相にドイツの仲介を断わるよう杉山に進言させた。蒋介石が会談に同意したと伝えられたのは十二月七日である。ところがその一週間前に中支那方面軍・上海派遣軍松井石根司令官に南京攻略令が出され、すでに蒋介石夫妻ら政府首脳は脱出して、電話や水道も止まり混乱状態になっていた。十二月九日、南京を包囲した日本軍は降服勧告文を散布し、翌日総攻撃を開始した。城門の退路に集中した逃亡者は一斉射撃にさらされ、城内の掃討作戦では便衣兵と市民の識別がつかず「支那軍戦闘員」として掃討された。

多くの捕虜や難民が続出したが、焦土と化した城内には収容所も食料もなく、略奪や暴行、虐殺が行われた。いわゆる「南京大虐殺」である。東京裁判ではその数二十万人以上とされ、中国側は三、四十万人というが、実態・実数はなお不明である。

ムッソリーニ、ヒトラーと会見

南京占領のころ、正剛は香港、シンガポール、コロンボの各寄港地で歓迎を受け、その都度講演を行い、アジア諸民族が植民地支配の鉄鎖から解き放されるよう呼びかけた。二十三年前、一青年記者としてイギリスに留学した時のことを思い起こさずにはおれなかった。渡航中、寄港の各地で白人の支配下にある亡国の民に接し、その悲惨さを目撃して憤激した。以来、反植民地主義とアジア主義が胸中深く焼きついていた。演説は在留邦人のみならず、華僑やマレー人、インド人などの現地人にも熱狂的な拍手を呼び起こした。

ローマに入ったのは十二月十二日、ムッソリーニとの会見は最長十五分と言われていたが一時間に及んだ。正剛は同じジャーナリスト出身のムッソリーニと国際情勢を英語で論じあった。その中で「日本が難局に臨めばどこまでも我々は声援する」とムッソリーニは明言した。帰りに日本の青年に伝える一語を求めると、正剛の信条にぴったりの言葉が返ってきた。

「まっすぐに行け、まっすぐに行け、難局に遭遇したならば更に、まっすぐに行け」、「まっす

昭和13年，ベルリンにて（中野泰雄氏提供）

ぐに己れを疑わずに進め」

十二月二十八日、ローマを離れドイツに向かった。正剛は大使館を通じてヒトラーへの会見を依頼したが、にべもなく断られた。理由は、これまで日本の大政治家が来たが話をしてみると何も内容がないので当分会わないことにしたとのことである。正剛は駐在武官に伝言を依頼した。「私は今までの人と少々人間がちがうのだ。それにお会いにならなければ、あなたの方でも機会を逸せらるることになりますぞ」。すると、突如として日独防共協定の責任者であるリッペントロップが正剛の宿舎を訪ねてきた。彼との会談後、秘書が来て、「ヒトラー総統は二月一日に会いたい、一月三十日にはナチスが政権をとった五周年記念で、内外の政策にむかって一大宣言をやるから、その前は専心ものを考えている」と言う。ヒトラーのほか、ゲッペルス、ゲーリング、ヒムラー、ローゼンベルクなどの幕僚との会見に加え、滅多に外国人に見せない工場や政治最高指導者学校などをリッペントロップが案内するという破格の待遇であった。

昭和十三（一九三八）年二月一日、ヒトラーと会見した正剛は、まず本当の話をしたいと言って「マイン・カンプ」の感想から話し始めた。日中戦争についてはドイツが日本のことを弁明し仲介してくれていることを感謝し、イギリスがコミンテルンと一緒になって中国を扇動して日本を窒息させようとするから、日本は敢然として起つのであると説明した。経済問題なども論じ、新中国の建設を一緒にやろうと呼びかけると、ヒトラーは次のように答えた。

「ドイツは東洋に対して領土的野心を有しない。……ドイツは通商貿易の利益に与りたい。……コミンテルンの極東攪乱に対して、いずれの一国も敢然として立ち得るものがない。浅慮短見なる他の国はむしろこれと手を握りて、東洋に進まんとしている。この時に当り、敢然としてコミンテルンの脅威に対して立つ所の誠意と実力を有するものは日本のみである。それゆえに、ドイツは、誠意あり実力ある友として、日本を信頼する。……力強き日本はドイツの友であり、より強き日本はドイツの待望する所である。したがって、この日支戦争において、日本が国力を消耗することなくして、より強き日本として、戦後の舞台に現われんことを切望する」

ヒトラーは慎重に人の話を聞き、慎重に言葉を選んで話した。彼は「一時一事主義で一時に二つの事はやらん流儀」で、しかも「内心にしっかりした自信を確立しない限り目に見えるような行動をしないという慎重さで、熟慮してはやる意志と行動を抑制し、満を侍して演壇に立ち、自信と信念を爆発させるのだ」と話していた。

ヒトラーの熟慮と自信と爆発力が、ベルサイユ体制の屈辱を強いられたドイツ国民にドイツ再

昭和13年２月，ドイツ，イタリア訪問の帰りに立ち寄ったサンフランシスコでの講演（中野泰雄氏提供）

興への覚醒と熱狂を促したと言える。正剛が会見したころのヒトラーは、政治家として、また人間として絶頂期にあり、独善的、独裁的な傾向はまだ感じられない。正剛は「日本のヒトラー」と言われたが、憂国の至情と信念、自信と爆発力においては心底相通じるものがあったといえよう。

昭和十三年三月、正剛はアメリカ回りで帰国して、早速近衛首相に帰国報告をした。離日後約四カ月を経て、日中関係は大きく変化していた。南京攻略の翌日、北京に「中華民国臨時政府」を樹立させ、帰国前の一月にはトラウトマンの和平工作を打ち切って「国民政府を相手にせず」との声明を発し、三月には「中華民国維新政府」を樹立させていた。もはや独伊の仲介による停戦の余地はなくなっていた。

正剛はＮＨＫの全国放送や歓迎会、東方会や海軍省、軍令部将校、参謀本部等々、数多の講演を精力的に行った。講演では両氏との会談の内容とともにドイツ・イタリアとの提携強化、広東攻略などの戦略も披瀝した。

イギリスは中国の排日・抗日政策を支援し、租借地の香港から広東へ武器を提供し財力を補給している。正剛はこのルートを阻止するため、広東と海南島を押さえることが日中戦争の早期解決につながると信じた。だが、その戦略は陸軍主流の楽観的過信に反映し、中国攻略の拡大作戦を後押しすることとなった。

日中戦争は長期化の様相を帯びてきた。十三年三月に開始された徐州包囲作戦は中国軍の頑強な抵抗で苦戦を強いられ、対ソ戦に備えた関東軍の一部を出動させねばならなかった。通常、作戦となれば二、三カ月を要し、戦闘による住民の殺害や家屋の破壊はもとより、進撃の先々で食糧、金品、家畜の徴発・略奪などが行われ、住民に多大の被害と恨みをもたらしていた。

日本国内では膨大な戦費と大量の軍需物資の消耗から経済的困窮が深まり、国民は戦争の長期化に不安を感じ始め、政府や軍部の一部にも和平を求めて焦りが生じてきた。近衛はその不安と焦燥を打開するため内閣改造の手を打った。

近衛改造内閣と国民再組織

昭和十三（一九三八）年五月、近衛は戦争不拡大派の板垣征四郎を陸相に、陸軍から排撃を受けてきた宇垣一成を外相に、蔵相には池田成彬《しげあき》らの入閣を求め、日中戦争の決着と和平交渉に打開を求めた。早速、宇垣外相は国民政府と和平交渉を開始し、イギリスの駐日大使には和平調停への協力と日英間の懸案解決を依頼。陸軍も事変を決着させるとして、国民政府の拠点となった武漢と英国ルートの広東との両攻略作戦を準備した。正剛は、近衛の内閣改造を「剛勇無双の板垣将軍」、「老巧にして貫禄ある宇垣新外相」、蔵相に「池田現われしは、これまた官僚政治の常套を一新して、我が財界に常識の活用を試みんとするもの、満天下の期待を受くるは偶然でない」（「東大陸」七月号）と述べて歓迎した。

七月、突如朝鮮北端の張鼓峰で日ソ両軍が衝突した。朝鮮軍の一部と関東軍の応援部隊がソ連領に攻め込んだが、ソ連軍の反撃により、敗退して停戦協定を結んだ（張鼓峰事件）。

関東軍参謀副長の石原は、満州から上京して近衛首相と会見。石原は、張鼓峰事件を教訓にせず、依然としてソ連と中国との二正面作戦を進めていることに反対して、日中戦争の早期解決と満州政策の転換を求めた。盟友の板垣陸相には軍が政治に関与すべきでないことを主張し、東條陸軍次官と関東軍司令官になった梅津の二人は「日本を亡国にみちびく元凶」だ、と述べて二人の処断を求めた。

石原も正剛も日中戦争の早期解決を板垣陸相に賭けた。しかし、陸軍省の実権はすでに統制派官僚の東條派が掌握し、武人的軍人の板垣が官僚的軍人の東條を抑え込める情況ではなかった。後に近衛は、「折角大きな期待を板垣の力にかけたものだったが、その期待を裏切られたのは、杉山、梅津が、そのおき土産に東條を次官に据え置いたせいだった」と述懐していたという。

陸軍の強硬派は、張鼓峰の敗北から対ソ戦を重視し、中国支配を早く完成せよ、和平交渉は敗北主義だ、対英外交も軟弱だ、と主張して宇垣外交に反対した。そして八月下旬、陸軍は武漢への進撃命令を下し、広東攻略を併用して事変の最終決着を目指した。それでも蔣介石は屈服しないだろうと判断した宇垣は、近衛に会い、首相自ら蔣介石と交渉に当たるよう要請したが、諾否を明確にしない近衛の態度に見切りをつけ、わずか四カ月で辞任した。

宇垣辞任後、宇垣を擁立して次期政権を狙う動きが生じた。これを察知した木戸幸一厚相らは、近衛政権を維持するため一国一党的な近衛新党をつくるよう近衛に進言。これに応じた近衛は、政友・民政・社会大衆・東方会・国民同盟の代表者を首相官邸に招き、新党設立の主旨を述べて賛成を求めた。社会大衆党は早速、近衛新党の中心母体になることを決定した。その動きを正剛は無産党の「自壊声明」だと酷評した。正剛も一国一党を主張していたが、正剛が主張する一国一党は「下からの国民運動」による政治力の結集であった。

木戸らの構想は、「下からの国民運動」を期待していた近衛の意向で流れた。そこで木戸らは新たに「国民再組織案」を閣議に提出したが、それは「国民精神総動員」組織の一環となるもので、やはり「上からの組織」であった。

正剛は十二月の東方会全国大会において、「国民組織に基づく強力政治は指導者と全国民との魂の結合に求めなければならないのに、非常時における国民の忍従をよいことに、国民の脈搏に触れずに官僚の強権政治を企図することは、革新にあらずして、封建的官僚的反動政治にほかならない」と述べ、近衛首相と各閣僚に大会決議と理由書を手渡して抗議した。

昭和十三年十月末、日本軍は武漢三鎮（武昌・漢口・漢陽）と広東を攻略した。ところが、蔣介石は奥地の重慶に移って徹底抗戦を宣言したので、長期戦を強いられることとなった。ここにきて陸軍の拡大強硬派にも焦りが生じ、国民党副総裁で知日派の汪兆銘に対して和平工作（重慶工作）を始めた。近衛も国民政府が容共抗日策を放棄して、「東亜新秩序」の建設に協力すれば矛をおさめると重慶へ呼びかけた（第二次近衛声明）。さらに十二月、「善隣友好、共同防共、経済提携」（近衛三原則）を声明して呼応を求めたが、国民政府は「汪兆銘に対する扇動」と解した。汪兆銘は密かに重慶より仏印のハノイに脱出して世界を驚かせ、日本国内ではこれで事変も治まるのではないかと期待した。しかし、国民党は汪を除名して対日抗戦派一色になり、徹底抗戦を招く結果となった。この後、日本は敗戦に至るまでの七年間をゲリラ作戦に悩まされ、戦いは泥沼化して占領地の点と線を維持することに追われることとなる。

昭和十四年一月、英米は、近衛内閣が声明した「東亜新秩序」をアジア制覇の決意表明と解して、援蔣反日政策を公然と行い、米英仏三国共同のもとに「東亜新秩序」の否認を日本に申し入れた。近衛は日中戦争の終息に自信を失い、日独軍事同盟の対象をソ連だけとするか、英米を含めるかについても結論が出ず、苦慮していた。このため同月、近衛は民心一新を理由に総辞職した。

社会大衆党と東方会の合同問題

平沼内閣が成立した昭和十四（一九三九）年一月、社会大衆党と東方会との合同問題が公になり、「左右」合同と大いに世間の耳目を集めた。正剛は前年末の東方会全国大会の演説において、すでに新しい政党の姿を次のように公言していた。

「目指すべき新政党は『日本全体主義国民政党』である。この新政党は階級闘争を許さないが、同時に特権政治も、派閥政治も、金権政治も許さない。万民輔翼、国民参政、君民一体が根本精神である。東方会は国家主義革新団体であるが、国家主義に藉口《しゃこう》して国民の情熱を抑圧し、革新の名を借りて保守的官権政治を行わんとするものとは全く類を異にする。これがあるべき新しい政党である。

我々が主張する『日本全体主義国民政党』とは、個々の人々が有機的に結合し、共通の理想、共通の感覚を有し、左右相携えて首尾相応ずる下からの国民組織が基盤となる。人の事、国民の事は我が事、国家の問題は我が問題として、国民大衆が気脈を通じ、呼吸を合わせ、脈搏を揃え、血液の温度を同じくして、全く一つになって押し進む。いわばデモクラシーより本質的、積極的な多数政治を実現するもので、その組織の精密化、高度化を意味する。いわば、個人と全体、私と公の国民的融合による国民共同体の実現を目指すものである」(『東大陸』三月号)

社大党は前年の全国大会で、近衛新党への参加を表明して全体主義的思想を迎え入れる気運を高め、その一部には、「下からの国民運動」で政治力を結集しようとしている正剛の主張に共鳴して、東方会へ移行しようとする動きがあった。世論も、行き詰まった社会情勢と非常時を乗り切るには統一的な国家意志の形成による政治力が必要だとして、全体主義的な強力政治を求めていた。こうした時代の要請を背景に、世間は両党の合同を自然のなりゆきとして歓迎した。

二月九日、社会大衆党執行委員長安部磯雄と東方会会長中野正剛の連名で共同宣言を発表し、革新陣営の総結集を目指して「全体主義単一国民政党」の結成を誓約した。新聞は、「政界の現状において両党の合同は一服の清涼剤である」と評し、「合理的革新の意気のもとに健全な発達を望みたい」と成立を期待した。

両党合同の懇親会には徳富蘇峰や三宅雪嶺らが出席して祝辞を述べた。祝賀会の後、「革新新党準備会」と称し、合同大会の日程、綱領、政策、規約などの審議を済ませた。最後に社大党書記長の麻生久と正剛のいずれが実権を握るかが焦点になった。社大党は病臥中の安部から合同を実現して政界から引退したいとの伝言を受け、安部最高顧問、麻生・中野常任総務委員、麻生幹事長の案を出した。両党は数時間にわたり会議を続けたが折り合わず、遂に「機いまだ熟せざる所あり」との共同声明を発表して「革新新党」の結成を見送ることにした。

正剛はその経過を東方会会員に報告、合同問題における安部・中野声明の精神と革新新党の綱領をそのまま東方会に生かし、国民運動に邁進することを約束した。両党の合同問題は正剛にとって夢が大きかっただけに、失望も深刻であった。正剛は安部へ「はなはだ躁急の罪を感じおり候」と苦渋の手紙を書いている。

三月に入り、正剛は心機一転、東方会会員二十数名とともに日中問題の解決に役立ちたいと念願して、中国の前線慰問と視察の旅に出た。上海に到着した一行は、各地の部隊や傷病兵を慰問するとともに、講演や座談会を行った。中国の一般聴衆を相手に演説するのは正剛にとって初めての体験であった。

最初は石のような沈黙と、反抗、殺気、憤怒を感じさせる反応であった。正剛は頭山と孫文の関係、学生のころに孫文と知り合ったことなどから話し始めた。

「孫文先生の理想は滅満興漢の革命をなしとげたる後、日支相携えて外来の侵略者に当り、奪われたるアジアの名誉と権益とを奪還するにあった。日支真に相携えて兄弟の誼みをむすぶなら、財物資源一切は共通でもよいではないか。日本が土地狭小で困るなら満洲ぐらいはまかせてもよいという気持であった。それが決して落魄流寓せる老書生のお世辞ではなくして、真にアジアをあげて一家となす雄大なる気宇よりほとばしり出ずる達人の言であった。……私は当時は一介の書生、世界の大勢を孫文先生に聞きて、アジア共通の義憤を感ぜざるを得なかった。……

北方に袁世凱が起用せられて革命派に対抗し、この背後に英国があってこれを後援するに及んで、日本政府の態度は俄然一変し、英国に気がねして、南方革命に対する好意は中絶せらるるにいたった。……

果然、南方派の戦意は漸次に衰え、北方に対して妥協的となり、屈従的となり、ついに革命の総崩れとなるに及んだ。私はその間の内幕は知らないので、ただ一途に革命派の意気地なきを憤慨し、ついに革命派の先輩諸氏を罵倒し、憤然として、南京を去り、上海にかえって、頭山先生にこの情勢を語った。その時、頭山先生は実に沈痛なる態度でいわれた。革命派にはなんの罪もない。これはみんな日本の決意が足らないからのことであると。私は今日といえどもその時の事を忘れない。……実に欧米依存の傭《よう》を作りたるものは過去の日本である。これにならいしものは支那である……」

講演が進むにつれて聴衆の雰囲気はすっかり和らいだ。正剛は最後に「日本の欧米屈従が支那の欧米屈従を長じ、日本の卑屈心理と支那の事大主義とが、あいひきて今日の惨禍をもたらすに至った」ことを説明し、「両国の提携を可能にならしむるは各自の国民運動のみ、アジア復興の大業を成就し得べし」と訴えて演説を終わった。

万雷の拍手が返ってきた。大局的見地から訴える正剛の正義感と熱烈なアジア主義思想が、中国青年に孫文の思想を蘇らせ、共感と感動を呼び起こしたのである。

正剛は突如、旅行を中止して、帰国のため上海に向かった。中国旅行出発の際、声明文で述べた「日本の政治が喪心状態にある」との言葉を問題にした議員が、議会中の旅行を議会軽視として正剛除名運動を起こしたからである。

ところが上海に着いて突然病に倒れた。合同問題の心労と旅行中の多忙や過労が重なったのであろう。二週間余の病床中、正剛は英米の新聞や漢字新聞と来訪してきた多くの中国青年との談話によって、外国が見る日本や中国の人心を直接肌で感じ取ることができた。そうして「日支事変解決の大方針は、新日本の正義にして進歩的なる国民意志の確立によりてのみ決定せられるべし」との一大確信を得た。

帰国後、正剛は即刻衆議院議長を訪問して辞表を提出し、除名問題を自ら決着させた。上海での病臥中に辞任の決意を固め、新たな目標を定めていたのである。それは青年組織を中心に国民運動を展開し、国民意志を形成することに専念することであった。

太平洋戦争へ

（昭和十四–十七年）

国民意志の形成

昭和十四（一九三九）年五月、二十年にわたる衆議院議員を辞任した正剛は、東方会の全体会議を開催した。赤坂溜池の本部に全国から百名を超える代表者（昭和十三年末の会員数約一万名）を集めて新運動方針と規約を定めた。正剛は会長として東方会の性格を説明し、国民運動の任務として、特に「支那事変の処理」と「東亜新秩序建設」を中心に政府の政策転換を求めることを決定した。

六月、正剛は国民意志を形成するため国民運動を呼びかける演説会を日本青年会館で開催した。会場はたちまち満員となり数百名が場外に溢れ出る盛況となった。

「東方会がもっぱら国民運動に傾注するということは、大乗的政治運動に踏みだそうということであります」と言い、政府当局者も政治的自信と勇気と指導力を失っている現状において、「我々は国民中の自覚せる者、血の気のある者、元気のある者と手をたずさえ」、全国民を糾合し、「政治以上の政治を断行せんとする者であります」と宣言、そのための組織として、政府がもくろむ上からの国民再組織ではなく、下からの国民運動による国民組織の結成が必要である、と訴えた。

半年前の正剛は、香港・広東の「援蔣ルート」を封鎖することで停戦に持ち込めると信じていた。しかし今は、中国の民衆の忍耐強い抗日戦力を認め、その原動力が蔣介石の一党的国民組織によるものであることを学び取っていた。同時に、官僚依存を脱却して国民組織を基盤にしない限り、日中問題を始めあらゆる問題は解決しないと確信していた。

時の平沼内閣は中国政策の転換と三国同盟問題を課題にした。しかし、中国との和平も汪兆銘工作も前へ進めることができず、同盟問題は軍部と元老、重臣たちのはざまで動揺し、七十数回も討議を重ねるだけで結論を出せずにいた。

欧州では、ドイツがオーストリアを併合して以来、英仏との対立が激化、大戦の雲行きは独伊対ソ連、または対英仏戦のいずれに向かうかで揺れ動いていた。日本では張鼓峰事件を取り上げて対ソ危機を宣伝する中、昭和十四年五月、ノモンハンで関東軍と外蒙・ソ連軍が衝突した。ところが同年八月、ドイツは対英仏戦を想定して突如ソ連と不可侵条約を締結。日本は三国軍事同盟の仮想敵国をどうするかの論争中で、政府・支配層の狼狽は驚天動地の有様であった。しかもノモンハンでは大挙出動したソ連の機械化部隊と空軍によって壊滅的な打撃を受け、戦力に格段の差があることをまざまざと見せつけられた（ノモンハン事件）。

政府も陸軍も、独ソ提携とノモンハンの敗北という二重の衝撃で途方にくれた。平沼内閣は日中戦争の見通しも国際情勢の動向についての方針も立てることができず、「欧州の天地は複雑怪奇」と声明して七カ月で退陣。八月三十日、陸軍大将阿部信行が組閣した。早速、懸案の三国同盟問題と廃棄が迫る日米通商条約の解決、さらに悪化する英米との国交関係をどう改善するかの難題に迫られた。

組閣二日後の九月一日、ドイツ軍は突如ポーランドに侵入、英仏は即刻ドイツに宣戦して第二次世界大戦が勃発した。

日本は九月にノモンハン停戦協定を結び、欧州の大戦には不介入の立場をとって日中戦争の解決に全力を尽くすと声明した。しかし、問題解決への決断と実行が伴わず、日中戦争はさらに長期戦を覚悟せねばならなくなった。第二次世界大戦の勃発で英・蘭が領有する東南アジアからの輸入が困難になってきた。日米通商条約の改定交渉も対中政策が障害となり、翌十五年一月、失効することとなった。阿部内閣は外交再建の一歩からつまずき、五カ月で総辞職した。続いて同年一月、親英米派の海軍大将米内光政が組閣した。

全国遊説の生活

正剛は昭和十四（一九三九）年に議員を辞職して以来、一週間程度地方遊説に出かけては東京に帰る、そんな生活を一年近く続けて、国民運動の充実発展に精力を傾けていた。一地方に滞在していると、押しかけてくる人々で旅館はあたかも臨時政党支部のようになった。

東北遊説のある日、演説と座談会を終えて人々が帰った後、正剛は偶然机の上に聖書が置いてあるのを発見し、次の文に目を留めた。

東方会による遊説活動（中野泰雄氏提供）

「価《あたい》なしに受けたれば価なしに与えよ。帯のなかに金・銀または銭をもつな。旅の嚢《ふくろ》も、二枚の下衣《したぎ》も、鞋《くつ》も、杖ももつな。労働人《はたらきびと》の、その食物を得るは相応しきなり。いずれの町、いずれの村に入るとも、その中《うち》にて相応しき者を尋ねいだして、立ち去るまでは其処《そこ》に留まれ。人の家に入らば平安を祈れ。その家もし之に相応しくば、汝らの祈る平安はその上に臨まん。もし相応しからずば、その平安はなんじらに帰らん」（「マタイ伝」第十章）

正剛は自分の遊説生活を思った。銭なし、着替えなし、食物なしで同志の家に泊まり、最善を尽くせば、相手が感応しなくても、尽くしただけで己一身の修養となり幸福になるというのだ。正剛はキリスト教が使徒たちの真剣な福音伝導によって普及していった理由を理解し、清貧と至誠に徹せよと肝に銘じた。

帰京後、聖書を購入して読み、東方会の本部員にも伝導者や禅宗の托鉢僧の精神によって「行脚遊説」することの重要性を語った。

米内内閣は組閣直後の昭和十五年一月二十一日、イギリスの巡洋艦が千葉県沖で日本の商船浅間丸を臨検し、ドイツ人船客に下船を命じてイギリスの輸送船で連行するという事件に見舞われた。翌二十二日、東方会は「日本政府の対英米媚態が招来したる国辱事件」と決議して、正剛は米内首相と有田外相を訪問して対英強硬措置を要望、駐日英大使クレーギーにも会見して抗議した。この日、東方会は会員三百名を動員して正剛と大使の会見に呼応、英大使館を包囲して抗議デモを行った。政府もクレーギー大使に抗議し、ドイツ人の引き渡しと陳謝を求めたが、大使はこれを拒絶した。浅間丸事件に右翼諸団体も排英演説会を強化、政府の姿勢を「親英媚態外交」として攻撃した。国民も日中戦争の長期化と生活への圧迫・窮迫から鬱屈が高じていたので、政府批判は全国的に広がった。

折から二月議会で民政党の斎藤隆夫が「日本政府は重慶を脱出した汪兆銘に中央政府を組織させ、これと和平を結ぶことで事変を収拾しようと試みたが成功しない。中国の独立と自由を保障しないで中国の民心が汪政権に集まるはずはない」と、政府の対中国政策を鋭く批判した。続けて「善隣友好」「八紘一宇」「聖戦」「東亜新秩序」の施策と軍部・政府の軍事的対応との矛盾を突いた。これに対して軍部は「聖戦」を冒瀆するものだと非難し、これに政・民両党と社会大衆党が同調したので、斎藤は除名処分を受けた。議会を離れていた正剛の眼に映る政府と政党は、

「共に主体性を失い、競って軍部に迎合する放漫懶惰《らんだ》、無方針、無節操の退廃した姿」であった。

米内内閣は英米との関係改善を任務として登場したが、現状維持に依存して有効な打開策が打てず、陸軍への対応と国際情勢の急変に苦慮して逡巡していた。

ドイツ軍は一九四〇（昭和十五）年五月から西部戦線の攻撃に移り、三十万のイギリス軍を英仏海峡のダンケルクに追い詰め、六月にパリを占領、フランスは降服した。中立のイタリアはドイツと結んで大戦に参加した。

ドイツ軍の電撃的な侵攻は日本軍部に騎虎《きこ》の勢いを与えた。陸軍は、仏印における援蔣ルートの遮断と、東洋における英・蘭・仏の植民地を領有する好機として南方への武力進出を準備、日本もナチスのように「強力な一元政治」を行う必要があると主張した。有田外相は、蘭印の現状に変更を来す事態の発生には深甚なる関心を持つ、と声明して、それを牽制した。正剛はその声明を取り上げて「帝国主義の旧秩序支配への屈服であり、英米仏の思う壺である」と指摘し、蘭領南洋の優先的利用権を獲得せよと主張して、南進論を展開した（「東大陸」昭和十五年五月号）。

新体制構想の変容

昭和十五（一九四〇）年五月ごろから、木戸幸一、有馬頼寧《よりやす》らは近衛文麿を担いで軍部が支持するナチスのような一国一党的親軍新党を結成する動きを表面化させ、米内内閣の内外政策を批判し始めた。近衛はこれに呼応して枢密院議長を辞し、六月に新党を作るために出馬するとの声明を出した。気運を察知した既成政党は、バスに乗り遅れまいとして新党への参加に動き出し、聖戦貫徹議員連盟もその動きに応じて各党総裁に解党を進言した。

七月、陸軍は米内内閣への不満から、新党気運に乗じて公然と倒閣運動に乗り出した。畑陸相は人心一新の要ありとして単独辞職を行い、陸軍は軍部大臣の現役武官制を逆手にとって後任陸相を推さなかった。このため米内内閣は六カ月で総辞職に追い込まれた。

続いて、軍部と各界から政治革新の担い手として期待された近衛に再び首班の大命が下り、第二次近衛内閣が成立した。近衛は組閣に先立ち、外相・陸相・海相候補の松岡洋右・東條英機・吉田善吾を私邸に招いて会談した。その場で日独伊枢軸の強化と対ソ不可侵条約の締結、東洋にある英・蘭・仏などの植民地を東亜新秩序に含めるための処置、並びにアメリカの実力干渉を排除するなどの基本政策を申し合わせた。この日の四者会談がその後の日本の命運を左右する布石となった。

組閣の後、近衛は四者会談の申し合わせを「基本国策要綱」として閣議決定した。続く政府・大本営連絡会議において、独伊との提携強化と仏印の軍事基地化、蘭印の重要資源確保などの南進政策を決めた。これらの政策決定は英米を対象とする三国同盟への締結に拍車をかけた。政府と軍部は、英米対象の三国同盟にすればアメリカの対独参戦を牽制し、仏印・蘭印に進出してもアメリカは対日戦を望まないであろうとみて、九月、日独伊三国同盟に調印した。これと前後して北部仏印へ進駐した。

アメリカはこれらの措置に対抗して、日本が最も必要とする屑鉄の輸出を許可制にして、中国政府には巨額の借款を与えて中国とイギリスを援助すると声明した。さらに「民主主義の兵廠」になると宣言して軍備と軍需生産に本格的に取り組み始めた。

この間、各政党は一国一党の近衛新党に参加するため解党し、東方会も解党に応じたので議会は完全に無党状態になった。万端整ったところで近衛は急に「新党」の言葉を使わなくなった。一元的な新党による内閣は幕府的な存在となり天皇の尊厳を侵し国体に反する、との「精神右翼」と陸軍からの反発があったからだという。当時の大きな政治勢力には、米内内閣打倒と三国同盟を支持する「革新右翼」と、「アカ」としてソ連を排撃する「精神右翼」と、「対米依存主義」の三つの潮流があった。近衛と側近は新党を「新体制」という言葉に改めて、二十六名の委員と八名の幹事を選任した。委員には貴・衆両院議員、官界、言論会、財界、国家主義団体、経済界など、各界の代表者が選ばれた。議員を辞めて一年以上になる正剛も委員の一員に選ばれ、常任総務を委嘱された。近衛と側近の風見らによる「新体制」構想は、「下からの国民組織」を基盤に政党に代わる政治勢力をつくり、強力な政治力によって軍部の圧力を排除しうる「政治新体制」の樹立を主眼にした。正剛は「下からの国民組織」を目指して国民運動に奔走していたので、年来の主張が理解され、その実現によって日中戦争も終結できるものと期待して参加した。

ところが重臣や財界、内務官僚、政党の主流は、各界各層の代表者による国民組織だと国民の不満を結集する母体になると主張して、「下からの国民組織」による新体制構想を退け、政府・官僚主導の精神的運動体としての大政翼賛組織へと変質を迫った。正剛はその動きに危険な徴候を認め、発会式を迎えた二日前に日比谷公会堂で国民に訴えた。

「今や日本には政治（政党）がなくなったから、官僚のみが働いている。今度出来た翼賛会が官僚のロボットとなりて、彼等の為に利用せらるるに至ったならば、湧き上る国民の勢力を燃立たせるどころか、全国民に枠をはめることになる。枠をはめて物言わさず、押さえつけて窮乏に追い立てて、辛棒さえさせて置けば天下は安穏と思ったら大間違い、それこそ亡国の衰運を馴致《じゅんち》するものである。国民感情の昂揚なく、自発的の元気が養われなければ、形は備わっても日本精神は茲《ここ》に滅亡し、茲に外患に乗ぜらるる結果となりはしないか」（『日独伊三国同盟と日本の動向』）

正剛らの反論で翼賛会の性格は発会式を迎えても決着せず、近衛が発会式でどんな挨拶をするか、どんな発言をするかで決まるものと、大いに注目された。しかし近衛の発会挨拶は当初の「新体制」構想から全く掛け離れ、「万民翼賛」の精神主義を強調し、大政翼賛の「臣道実践」に尽きるというものだった。革新派の委員はあっけにとられ、「精神右翼」派は賞賛した。近衛の挨拶に賭けた「新体制」構想の発足は、空しい期待に終わった。

正剛は常任総務会において、焦眉の急にある政治問題を処理し論議することがなければ意味がないではないかと主張し、「経済革新基本要綱」を提出して、民間の創意と主張を取り入れた産業団体法の成立を求めた。しかし、上意下達の官僚絶対主義の政府と「アカ」を忌み嫌う「精神右翼」派は正剛の提案を受け入れなかった。また「新体制」構想派の風見章は、講演で述べた言葉を東條陸相から共産主義思想だと問題にされ、木戸内大臣も新体制運動の裏には共産主義があると言って近衛に警告するなど、「新体制」つぶしに策動した。近衛はこれらの反新体制・大政翼賛派の意向に引きずられて、議会開会前に風見法相を柳川平助中将に替え、同じく新体制推進派の安井英二内相を平沼騏一郎に替えた。柳川も平沼も「精神右翼」の中心人物であった。

翌十六年二月、正剛は地方遊説に出かけて、知事が列席する会場で知事を支部長とする翼賛組織に反対する意見を表明した。その夜、広島市の旅館で刺客に襲われ、東方会青年隊長の永田正義が正剛と間違えられて重傷を負った。「精神右翼」の仕業と目された。

二月議会で、大政翼賛会を「アカ」だ「憲法違反」だと攻撃する旧政党員に対して、平沼内相は政治結社ではなく政府へ協力する機関だと答えた。この情勢を見た正剛は翼賛会に見切りをつけて脱退。その後直ちに政治結社東方会を復活させ、「内なる民主主義、外なるナショナリズム」を再掲した。大政翼賛会に飽き足らなかった新聞は、正剛の脱退を「面目躍如」として喝采した。続いて、有馬事務総長以下本部事務局の革新官僚も一斉に辞職した。

四月、大政翼賛会総裁の近衛は副総裁に柳川法相をあて、平沼内相配下の内務官僚を事務局の主要局長に据えて、内閣の補助機関とした。こうして軍部対抗の政治勢力の結成を意図した「下からの国民組織」・「新体制」構想は、内務官僚が支配する上意下達の国民組織、「皇道翼賛」「軍部への追随」「ファシズム体制」の大政翼賛会へと大きく変質したのである。

正剛が翼賛会を脱会した三月、東條を痛烈に批判した石原莞爾も予備役に編入されて軍部を去った。目立たぬ人事であるが、この二つはファシズムへの曲がり角を象徴している。

東方会復活

正剛はますます国民運動に専念した。正剛の身辺や演説会場は黒い戦闘帽と制服、「東」の字を図案化した徽章や腕章をつけた東方会の青年隊員が警戒した。示威とともに暗殺に対する備えでもあった。

各党の解党後、議会は無党派状態が続き、軍事優先の「新官僚」によって議会機能はますます縮小されてきた。政党の演説会はなく、ひとり復活した東方会だけが各地の演説会で大衆に訴え、大衆を引きつけ、国民の期待を集めていった。各地の演説会場は常に大聴衆で溢れた。やむなく会場整理費として十五銭を徴集したが、それでも聴衆は溢れ続けたので、二十銭、三十銭に値上げをした。

正剛は連日の講演で咽喉を傷め、黒須耳鼻科に入院した。それが縁で黒須院長から世田谷の住宅を提供された。正剛はこれを東方会青年会員のために活用することに決め、柔剣道場と講話・討論の会場や宿泊もできる建物に増改築した。中学時代に振武館の建設に奔走した正剛は、議員

東方会青年会員と振東社前で（中野泰雄氏提供）

になってからも自宅に「猶興居」を設置し、書生の勉学と鍛練に供してきた。今またその延長として、青年会員のために本格的な塾と道場を造営することができた。正剛にとって青年教育は大きな喜びとなり生き甲斐となった。

新しい建物を振東塾道場と命名した。学生時代から強い影響を受けてきた金子雪斎の振東学社に因んだものである。自宅の床の間には雪斎揮毫の掛け軸が掛けられていた。

霜厳氷潔以テ身ヲ持シ
玉温露潤以テ人ヲ待チ
光風齊月之襟懐富岳泰山之気概
大丈夫此本領無カル可ラズ

（己は厳しく清廉潔白、人には染み入る温情を、一点の曇りなき胸中に富士泰山の気概を、真の男子たる者この本領がなければならぬ）

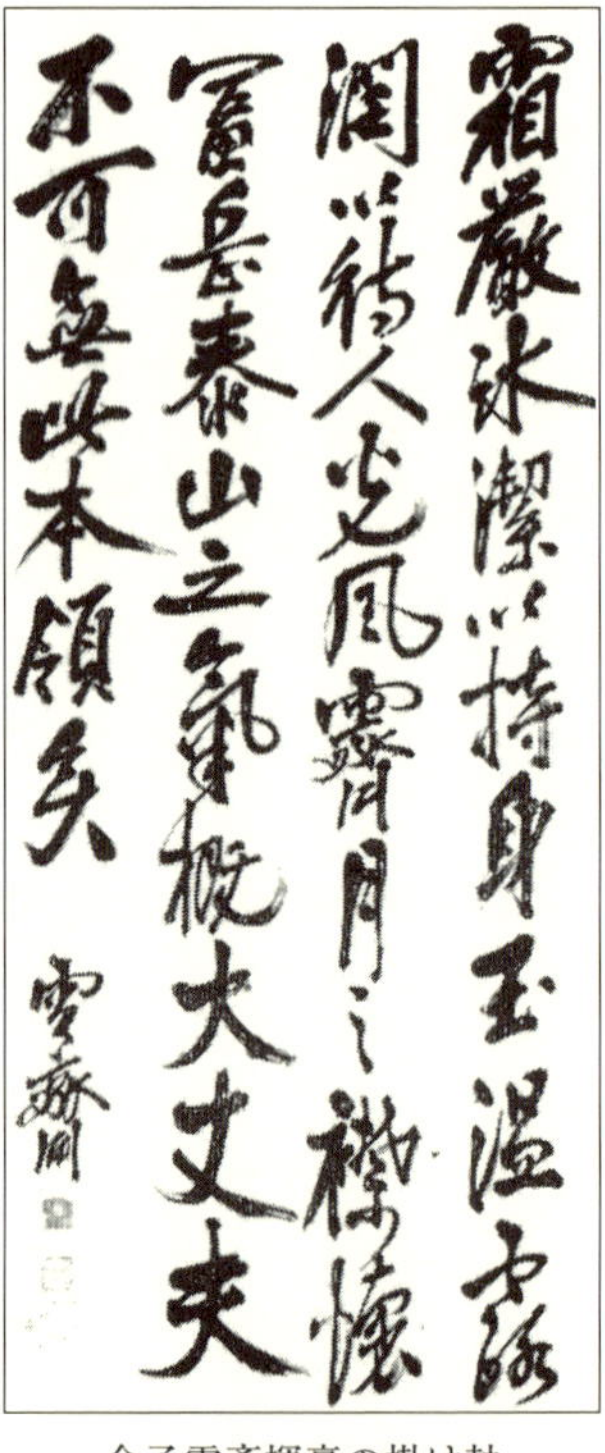

金子雪斎揮毫の掛け軸
（中野泰雄氏提供）

正剛の人間性と生き方を象徴している。緒方竹虎は雪斎と正剛との関係について、彼は豊かな天分に恵まれていたので、いたるところで頭角を露《あら》わし、犬養、蘇峰のほか、新聞・政治界の多くの先輩に愛されてきた、「彼も亦此等先輩に一時非常に傾倒した。しかし彼の此等先輩に対する熱情傾倒は多くは久しからずして冷め、私の知る限りにおいて、彼が死に至るまで推服して渝《かわ》らなかったのは、大連振東学社の金子雪斎唯一人のようであった」と述べている（『人間中野正剛』）。雪斎の強い信念と厳しい生き方を終生師表にしていたからであろう。

難局突破国民大会

大政翼賛会を脱退して東方会を再建した正剛は、昭和十六（一九四一）年三月から「難局突破国民運動」を展開し、日本青年会館、淀橋公会堂、本所公会堂、浅草公会堂で連続的に演説会を

両国国技館で行われた難局突破国民大会の聴衆（中野泰雄氏提供）

開催した。

日中戦争開始以来、民需物資は抑えられ、昭和十四年から米の配給統制と供出制が始まり、生活は日増しに悪化していた。国民は長引く戦争と政治の実情に不安と不満を強めていたので、正剛の仮借なき政府批判に溜飲を下げる思いがした。折から欧州の戦火はバルカンに延び、独軍はユーゴ、ギリシャに侵入した。世界情勢がますます緊迫を増す中、世界的視野から日本の進路を論じる正剛の演説会は、いたるところで人が溢れた。

同年五月一日、正剛は全国の地方会員を動員して「難局突破国民大会」を両国国技館で開催した。聴衆の列は延々と国技館を取り巻き、付近の住民を驚かせた。「同盟写真特報」は十万人押し寄せたと報じている。真実に迫り、憂国の熱情に溢れる演説の魅力とともに、いつ終わるともしれない日中戦争への鬱積した国民感情の高揚により国民の期待を一身に集めていたからであろう。

正剛は国技館の座席を埋める大聴衆を前に、竹のステッキをついて演壇に立った。三時間にわたる熱演の中で、近衛首相に自ら上海に乗り込み、日中戦争の解決にあたるよう勇断を迫った。また、アメリカは西南大平洋の多島海を城塞化して日本の経済封鎖を図るつもりなので、その準備ができるまでは日本を刺激せず、自己の陣地を強化するという戦略であると説き、蘭印対策の必要性を強調した。要は英米による日本への経済包囲網が整う前に、英米と戦争関係に入ることなく蘭印の石油問題を解決せよとの主張である。それは前年来強調してきた南進・蘭印対策で、南方の石油その他の資源を確保することが「ジリ貧」から日本を救う唯一の道だと正剛は確信していた。理念はアジアの自主独立と民族協和のアジア主義思想に基づくもので、ドイツを介しオランダ人やオランダ本国を通じて蘭領に働きかける政治・外交的な解決策であった。だが、ニューヨーク・タイムズの記者からは軍部の南進論を代弁するものと曲解され、「精神右翼」からは左翼的な敗戦主義だと非難された。

アメリカの戦略は、正剛が見通したようにイギリスや中国への武器援助を強化しながら日本を戦争に追い込むことなく、強硬・融和の両面から日本の南進を阻止することであった。

日米開戦前夜

日米関係は日本が北部仏印に進駐し、三国同盟に調印して以来、急速に悪化してきた。このため政府は昭和十五（一九四〇）年末から民間を通じて内密に日米交渉を進めていた。昭和十六年四月、それが「日米諒解案」として外交レベルに上がり、近衛は乗り気になった。ドイツ、イタリアを訪問していた松岡外相は、ドイツの対英戦略に呼応して日本はシンガポールを攻撃するとの言質を与え、その帰りモスクワで日ソ中立条約を結んだ。スターリンは独ソ間の開戦を目前にして、日独の東西からのはさみ撃ちを恐れていたので、中立の申し出を渡りに舟と応諾した。松岡は独ソ間の緊張と開戦を見通せないまま帰国した。

政府は日米諒解案への回答を討議している最中であった。日米諒解案は日本軍の中国からの撤退と中国の満州国承認を条件に、アメリカが日中間の和平を斡旋すること、その他日米の通商・金融の提携、日本の南方資源の獲得などについて、日米首脳間で正式に話し合おうという内容である。

ところが、松岡は日米諒解案が自分の手を経ずにまとまったことに反発し、独伊に対する背信行為だといって強硬に反対した。近衛も軍部もそれに押されて、結局、対米回答を松岡に一任した。このため日米諒解案は軽視され、日米交渉の基礎とはなり得ない強硬な回答となった。しかもその内容が事前に独伊に知らされたので、アメリカの態度は硬化した。六月二十一日のアメリカ提案は、満州国の承認などをはずして条件が厳しくなった上、松岡外相では日米交渉に見込みがないとの趣意が添えられていた。

その翌日、ドイツは突如、独ソ不可侵条約を破ってソ連に侵入。三国同盟と日ソ中立条約のはざまに立った日本は対応に困惑した。松岡と参謀本部はドイツの電撃戦の勝利を信じて対ソ戦を開始せよと主張、陸軍省は南方の石油や軍需資源を確保し、時期を待って開戦したほうがよいと主張して、これに海軍も近衛も同調した。

連日会議を重ねた末、七月二日の御前会議において、対ソ武力準備を整えるとともに南方作戦の基地獲得のため南部仏印へ進駐する、との重大決定を行った。続いて大本営は関東軍の特別演習を発動し、満州に七十万の兵力を集結させた。近衛や軍部首脳は南部仏印に進駐しても、そこで止まれば日米交渉にさしたる影響はあるまいと推断した。

七月十八日、近衛は日米交渉の打ち切りを主張する松岡を罷免、海軍大将豊田貞次郎を外相にして第三次近衛内閣を組織した。豊田外相は日本の在外公館に三国同盟堅持の国策は不動であると打電し、駐独大使には南進に邁進して米英に打撃を与え、ドイツを支援することになろうと伝えた。アメリカは日本の外交暗号電文の解読に成功していたので、日本側の手のうちをすっかり読み取っていた。

近衛は豊田外相を中心に新しい陣容で対米交渉を進めさせた。日本が南部仏印に進駐することを知っていたアメリカは、仏印の中立化案を提案してきたが、日本はこれに応じず、七月末に南部仏印への進駐を強行した。米英はこれを対戦準備と解して日本の在外資産を凍結、オランダも石油協定を破棄した。アメリカはさらに石油をはじめ重要軍需物資の日本への輸出も禁止したので、日米交渉は完全に行き詰まった。

このころ米英の首脳は大西洋で「洋上会談」を行い、日本に対して共同行動をとることを協議し、八月十二日に「大西洋憲章」を発表した。その二日後、野村吉三郎駐米大使はルーズベルトから二つの文書を受け取った。一つは南方においてこれ以上侵略を行えば対抗措置をとらざるを得ないとの警告と、一つは日本が膨張主義活動を止めて平和的プログラムに乗り出せば日米交渉を再開する用意があるとの内容であった。

近衛は局面を打開するため、「近衛メッセージ」を発してルーズベルトに直接会談を申し入れたが、アメリカは政府間交渉による合意が先決として話は進展しなかった。この間、アメリカの対日石油禁輸措置が日本軍部の対米開戦論に火をつけていた。企画院や軍部の国力判断によると、日本の戦争持久力は一年ぐらいで、開戦しても二年以上先は確信が持てないという。それなら「この際打って出るの外なし」との考えが強くなり、開戦に慎重な海軍も、輸入が途絶えれば戦力がジリ貧になることを恐れ、早期開戦論に傾いていった。

一方、新聞・ラジオは「ABCD（アメリカ・イギリス・中国・オランダ）包囲陣」の強化と国防の危機を大々的に宣伝して敵愾心をあおっていた。言論界も同調して政府、軍部の宣伝に奉仕した。

九月六日の御前会議は、軍部の主張を反映して「対米（英蘭）開戦ヲ決意ス」との重大決定を行った。対米交渉で十月上旬までに日本の要求を貫徹し得なければ、との期限つきの決定である。その翌日、東久邇宮は私邸に訪れた東條陸相に、フランス留学中にペタン元帥とクレマンソーから注意されたことを話した。

「アメリカは、日本の外交の下手なのをよく知っているから、日本をじりじりいじめて、日本の方から戦争を仕掛けるような手を打って来るにちがいない。そこで、日本が短気をおこして戦争をやったら、アメリカは大きな底力をもっているから、日本はかならず敗ける。だから、アメリカの手にのって戦争をしないように我慢しなければならない。……いま天皇および総理大臣が日米会談を成立させたいというのだから、陸軍大臣としては、それに従うべきで、それでなければ辞職すべきではないか」

東條はこれに対し、「いま、アメリカは日本にたいし、ＡＢＣＤ包囲陣をしいて、日本をじりじりと圧迫している。このままにしていれば、日本は滅亡するほかない。……思い切って戦争をやれば、勝利の公算は二分の一であるが、このままで滅亡するよりはよいと思う」と言い、最後に「見解の相違である」と言った（『東久邇日記』）。

正剛はこの年七月下旬から約一カ月間、北海道へ遊説の旅に出ていた。

九月十三日、正剛は日比谷公会堂で「ルーズベルト、チャーチルに答え、日本国民に告ぐ」と題する東方会主催の演説会を行った。数千人の聴衆で会場は熱気に溢れた。正剛はこの日の演説で「大西洋憲章」を取り上げ、次のようなことを訴えた。

——大西洋憲章は、第一次大戦後のウィルソンの十四箇条の原則に照らしてなんらの新味はない。ただ一つ注意すべきは、今回は軍備縮小を枢軸列国にのみ命令し、英米による世界支配を恒久化せんとする点にある。第一次世界大戦の後、ベルサイユ条約によって世界の領土と資源は最も不合理・不公平に分配され、その後も大国の領土資源に対する利己主義を一層強化し、前代未聞なる特殊の領土支配様式を採用するに至っている。宣言第一項の領土不拡大の原則は確かに平和主義には違いないが、見方を変えれば英米の一方的な領土の現状維持、現状固定化といえなくはない。「我らはかれらの支配体制に対してプロテストするの権利がある。合理主義とは、我々をして言わしむれば、不合理の恒久化である」——

まさに大西洋憲章の盲点を突く見識である。正剛は「太平洋を真中から二つに分けようじゃないか。東経一八〇度の線で太平洋を両断し、アメリカと日本との勢力範囲を画定しようじゃないか」と大見得を切り、アメリカとの交渉に対等の外交姿勢を強調した。

チャーチルに対しては、イギリスが歴史的に強大な植民地帝国にのしあがった過去の現実を指摘し、日本の南進を悪罵する理由はないと反論した。

続いて日本政府の官僚的秘密主義に対して警鐘乱打した。

「近衛内閣は御前会議（九月六日）によって、新情勢に対応すべき国策を決定したというが、それがどう決定したのか少しも分らない。……大臣大官のなんらかの挨拶ごとに『一億国民の協力を望むものであります』と言っている。……協力を求めんと欲せば、まず国民にむかって魂を吹きこまねばならぬ。そうすれば、田夫野人《でんぷやじん》も、陛下の御稜威《みいつ》によって躍動する。この国民の自発的努力を総合し、もって国策に帰一せしむることが国民に協力を求むる政府の任務である。しかるに、我が当局者の言動には国民の魂に訴うるようなものは少しもありはしない」

正剛はフランスの宰相クレマンソーが人間味のある政治家として国民に感動を呼び起こした話をして、最後に「（クレマンソーのように）一身を横たえて国家万難の衝にあたり、戦線に身をさらし、弾丸雨飛の下に兵隊と共に語り、ストライキの工場街に労働者とともに国事を談ずる政治家こそは日本の宝ではないか」と呼びかけ、政治家や官僚の奮起を促した。

この日の演説は内外の新聞にも報道され、速記録はパンフレットになって発売された。検閲で百七行は削除されたというが、百版を重ねるベストセラーとなった。

代議士を辞任して約二年が経過していた。厳しい言論・報道統制の中、近衛がルーズベルト大統領へ直接会談を求めたことも、九月六日の御前会議の重大決定についても正剛は知る由がなかった。それでも英米の新聞で知り得た情報をもとに、日本政府の動向と諸外国の外交政策をかなり正確に言い当てていた。そのため「実に怪しい」と言って言論統制の対象にされたことが、正剛には心外でならなかった。

東條首相の登場と日米開戦

昭和十六（一九四一）年九月六日の御前会議の後、陸海軍は対米・英・蘭戦を目指して作戦準備を始めた。アメリカは十月二日、ハル四原則（領土と主権の尊重、内政不干渉、各国平等の原則の尊重、太平洋の現状維持）の確認と、中国及び仏印からの全面撤兵などを要求する覚書を駐米野村吉三郎大使に手渡した。この覚書によって日本政府は交渉継続か決裂かの決断を迫られた。東條陸相は絶対承認できないと言って交渉の打ち切りと開戦を主張。豊田貞次郎外相は決断を首相に一任した。近衛は交渉継続を主張したが東條は引かない。近衛は陸相と意見が対立した事実を天皇に奏上して、辞表を提出した。

後継推薦の重臣会議で宇垣一成陸軍大将の名が出たが、木戸幸一内大臣は東條陸相を推薦した。陸軍を押さえるのは東條のほかにはない、首相にすれば東條も慎重になるだろうとの意見で、天皇も「虎穴に入らずんば虎児を得ずということだね」と言って同意されたという。

近衛退陣の十月十七日、『東久邇日記』は次のように記している。

午後一時半、朝日新聞主筆緒方竹虎来たり、重慶政府と頭山満との連絡がつき、少しずつ頭山満と蔣介石会見の計画が進みつつあると報告する（宮は橋本欣五郎から日中の和平交渉を頭山と陸軍当局に話してもらいたいとの要望を受け、頭山に和平交渉を依頼していた）。

夕方号外で、東條陸軍中将に内閣組織の大命が降下したことを知る。私は、東條陸相に大命が降下したと聞いて、意外に感じた。東條は日米開戦論者である。このことは陛下も木戸内大臣も知っているのに、木戸がなぜ、開戦論者の東條を後継内閣の首班に推薦し、また陛下がなぜこれを御採用になったか、その理由が私にはわからない。私は東條に組閣の大命が降下したことに失望し、国家の前途に不安を感ずる。

翌十八日、東條英機内閣が成立した。東條は満州での経験から陸相と内相を兼任し、憲兵と警察に対する権限を一手に掌握した。

十月二十日の『東久邇日記』には、「昨日近衛から、東條は内閣組織にあたり、対米問題について再考すべし、との御沙汰をいただいたことを聞いて、私は安心した」とある。その日の午後、陸軍軍事参議官会に出席して東條総理から今後の考え方について説明を受けた後、「東條総理に、『頭山満を蔣介石のところへ派遣して、日支全面和平の会談をさせてはどうか。頭山は行くことを快諾しているから、是非そうしなさい』といったところ、東條は、『今は日支和平の時機ではない』と拒否した」という。

東條首相の登場は、軍部強硬派の開戦論に拍車を掛けた。アメリカもまたこれを戦争内閣とみて戦争準備を早めた。

東條は対米問題再考のため、大本営政府連絡会議を頻繁に開いた。十一月一日の連絡会議で、一案は戦争をせず臥薪嘗胆、二案は開戦、三案は作戦準備と外交を並行、そのいずれに決定するかを諮った。東郷茂徳外相と賀屋興宣《かやおきのり》蔵相は開戦に反対、統帥部と陸相（東條兼任）は二案の開戦を決意、慎重であった嶋田繁太郎海相も開戦を容認した。そこで東條は三案を含めた開戦を決意した。武力発動の時機は十二月初頭と定めて作戦準備を完整し、対米交渉は日本の主張が通らない場合、十二月一日午前零時を期限に打ち切ると決定。これが十一月五日の御前会議で承認された。海軍は同日、連合艦隊に作戦命令を出して千島単冠《ヒトカップ》湾に集結させた。陸軍は翌六日、南方軍編成を発令してマレー、フィリピンなどへの南方攻略部隊を海南島と仏印に集めた。

日本政府は野村大使を補佐するため、来栖三郎大使をアメリカに派遣して対米交渉の再会を申し入れた。アメリカは「マジック（暗号解読）」により、来栖の来米が開戦までの引き延ばし策だと知りながら交渉に応じた。十一月二十五日、アメリカは大統領、国務、陸軍、海軍長官などの最高会議を開き、国論を戦争に同意させるために日本がまず攻撃せざるを得ぬように仕向けることで合意した。国論の統一にアメリカは時間を稼ぐ必要があったのである。

翌二十六日、ハル国務長官は、中国・仏印からの撤退や重慶政府の承認など十項目にわたる覚書（ハル＝ノート）を野村・来栖両大使に手渡した。骨子は日本が満州事変以前の状態に戻ることを要求するもので、これを受け、日本政府は戦争以外にないとの結論で一致した。二十九日、天皇の意向で政府と重臣との懇談が行われた。重臣の大部分は開戦に反対したが、東條の反駁に圧されて政府の開戦決意を承認した。

十二月一日、御前会議において「対米交渉ハ遂ニ成立スルニ至ラズ。帝国ハ米英蘭ニ対シ開戦ス」と定め、開戦を十二月八日と決定。翌二日、統帥部は極秘に「新高山上レ・一二〇八」の開戦指令を出先の部隊に通報した。この時、海軍の機動部隊はアリューシャン列島の南方海上を東航中で、極秘に真珠湾を目指していた。

政府は御前会議や日米交渉の内容など何一つ国民に知らせず、ただ日米関係が重大な局面に立ち至ったとだけ知らせたので、国民は不安と緊張に包まれていた。

開戦指令が出された十二月二日、正剛は日比谷公会堂の場内を埋め尽くした聴衆を前に、「我々は日本の滅亡を坐視することはできぬ」と訴えていた。

真珠湾奇襲攻撃

昭和十六（一九四一）年十二月八日未明（ハワイ時間七日午前六時）、日本海軍の機動部隊は真珠湾攻撃に踏み切り、陸軍は真珠湾攻撃の約二時間前にマレー半島のコタバルに上陸して太平洋戦争の火蓋を切った。

「真珠湾奇襲攻撃・大戦果」の臨時ニュースに沸き立つ日本とは反対に、日曜日のハワイはアメリカの太平洋艦隊が空前の大被害を受けていた。日米交渉打ち切りの最後通告は空襲の三十分前に手渡される予定であったが、在米日本大使館での電文の解読・浄書が手間取り、伝えられたのは空襲の真っ只中であった。ルーズベルトはその日の議会で、これを「騙し討ち」と非難して対日敵愾心《てきがいしん》を高揚させた。アメリカは「リメンバー・パールハーバー」を合言葉に、思惑通り国論を統一させることに成功した。

その朝、臨時ニュースによって開戦を知った正剛は、緒方竹虎に「いよいよ始めたようだね。うまく行くかね」と電話をした。その声の調子に、緒方は戦局の前途に対する不安が込められていることを感じたという。東方会代議士の三田村武夫が中野邸に呼ばれていくと、正剛は沈痛な面持ちで「まずいことになった」と一言いい、頭を垂れて深く考え込んだという。

この日、赤坂溜池の東方会本部に続々と詰めかけてきた人々を前に、正剛は「一億国民は久しく隠忍し、久しく待望せり。……誓って宿昔の覚悟を新たにして一切を天皇と祖国に捧げんことを期す」との声明文を発表した。本部会員の一人が「先生万歳を唱えましょう」と言ったところ、「いま、下手な戦さをしてはならんのだ。おれは戦わずして勝つことばかり考えていたんだ」と言ったという（火野葦平「中野正剛」［「サンデー毎日」昭和二十六年］）。正剛は英米に対して強硬論を貫いたが、開戦論者ではなかった。

その後、正剛は九月六日の開戦に至る御前会議の様子をあらまし知ることができた。勝利の見込みのない開戦決定であったこと、昭和天皇が「よもの海みなはらからと思う世になど波風のたちさわぐらん」という明治天皇の御製を引いて心情を吐露されたこと、また、山本五十六が半年や一年は暴れても、二年三年となれば全く確信が持てないと近衛に伝えていたことなども。

開戦と同時に、政府は大本営が許可した以外の報道や日本に不利な記事は一切掲載禁止とした。さらに十二月の臨時議会で「言論出版集会結社等臨時取締法」を制定し、演説会なども許可を必要とし、「造言蜚語《ひご》」と解されれば罰せれることとなった。こうして憲兵・警察が意のままに取り締まることができる独裁体制の布石が敷かれた。

臨時議会の開催中、東方会は国技館で演説会を開いた。海軍大将中村良三や徳富蘇峰など数名の弁士の後を受けて登壇した正剛は、真珠湾の大勝利に酔う聴衆を前に、これを「桶狭間」として讃えた。同時に「勝って兜の緒をしめよ」と言って、手ずから兜をしめ直した家康の話をして、「一億の人心を一つに引き結ぶことが勝って兜の緒をしめる所以である」と訴えた。続いて「明治維新の成功は上下一心の団結によるものである」と述べて維新における国難打開の精神を説いた。

また、正剛は議員の三田村から「言論出版集会結社等臨時取締法」が危険な内容であることを聞いていたので、「政治が法規命令のみの強制におちいれば覇道となり、王道がすたれて政治に人物の必要はなくなる」と述べ、「厳法酷罰」で締め付ける政府の姿勢を批判し、国難打開のために何よりも上下一心になって道義国家を建設するよう鼓舞した。そしてその道義を「六韜三略《りくとうさんりゃく》」（隋唐時代の兵法書）から引き、上に立つ者の人間性にその所以があることを示唆して演説を結んだ。

「大将たるものは一簞《てん》の酒をもらったら、おのれが飲むなどと考えるな、河の中にぶちまけて、士卒と流れを同じうして飲めと書いてある。……井戸がまだ掘られていない先に咽が渇くなどとは夢にも言うな。……冬は毛皮の衣を着るな。夏は陣中で扇を取るな。雨降れども蓋《とま》を張るな。これは大将たる者の礼であるぞと述べてある。『これ将の礼なり』と言うのが面白いではないか」（『此一戦国民は如何に戦うべきか』）

戦局の転機

緒戦の大勝で国民も新聞も東條首相を礼讃した。国民はこの勝利によって、日中戦争の泥沼化とＡＢＣＤ包囲陣によるジリ貧から救われ、「大東亜共栄圏」の理想が実現されるものと期待した。

昭和十六（一九四一）年十二月二十九日、東久邇宮は東條首相と防衛問題を相談した後に「この戦争は一日も早くやめなくてはならない」と和平工作を勧告した。これに対して東條は「この調子なら、ジャワ、スマトラはもちろん、オーストラリアまでも容易に占領できると思う。この時機に和平などは考うべきではない」と傲然《ごうぜん》と答えたという（『東久邇日記』）。陸軍内部にあった蔣介石との和平構想も、東條にその気がなく立ち消えとなった。

シンガポールが陥落した二日後の昭和十七年二月十七日夜、海軍大将中村良三と戦局の将来について語り合った際、正剛は語気鋭く「戦争を止めるのは今だ、日本はこの際全世界に向って休戦を宣言すべきだ、平和の通電を発するのは今だ、……あくまでも日本は領土的野心のないことを世界に宣言して、戦争の決を結ぶのは今をおいて他にない」と言った。中村もこれに賛成、直ちに両者からそれぞれ政府と統帥部、重臣層に意を伝えることを申し合わせて別れた。その時同席していた三田村は、突飛な提案でその真意がつかめず、後で正剛に糺したところ、「このまま東條のなすがままに委しておいたならば、日本は勝っても負けても駄目になる。恐らくはこういう無智にして見識なき軍人に戦争政治の全指導権を委しておいたならば、この戦争は負けるだろう。負けた後は革命だ、もし仮りに戦争に勝つとしても、負けた場合より以上の困難が日本には来るんだ。それは軍人と役人の国家になってしまって、恐らく国民は窒息してしまうだろう。だから、どうしてもいまのうちにこの戦局政局切替への手を打つ以外、国を救う方法はないのだ」という意見だった。もちろん東條が受け入れるはずがない。東久邇宮は「あのとき中野君の意見を聞いて、僕も〝なるほど〟と思ったけれども、何せあの威力当るべからざる東條内閣の下で何とも手がなかった。今から考えればまことに残念なことをした」と述懐したという(『中野正剛は何故自刃したか！』)。

開戦以来、華やかな戦果の発表と東條礼讃の風潮の中、正剛は東條内閣にいかなる姿勢をとるべきかためらい続けていた。総選挙が昭和十七年四月と決まった二月、東條は翼賛政治体制協議会（翼政協）を発足させて立候補者を推薦した。ファシズムの危険を予知した正剛は、東方会は翼政協の推薦を拒否して闘うと声明し、正剛を含めて公認候補四十六人を擁立した。

三年前、議員を辞任して以来「真っ裸になって、国民大衆のなかに投ぜん」と言って国民運動を進めてきた正剛は、議員再出馬の心境を中学時代の恩師益田祐之への手紙に吐露した。

国民は却て奴隷化せんとする情勢は断じて黙過す可らず、今度こそは威武にも権力にも屈せず我徒の本領を発揮し戦果に相応しき国家を再建せざる可らず、近来官僚の弊は秦時代にも清朝にも似たるあり、刻々亡国への途を進みつつあるを痛感仕候、……来月早々より全国の同志を応援して転戦すべく、選挙の最終の頃福岡に参るべきか、その頃春も既に老いなん、一日拝顔の機あるを楽しみ居候。

正剛は総選挙に臨んで、『戦争に勝つ政治』と題したパンフレットを発行して会員同志の選挙運動方針とした。そうして東方会会員に呼びかけた。

東方会は大機関なく、大人員なく、別して機関と人員とを動かすべき費用もないが、全国を通じて行ってきた演説会に、三十銭の整理券を買って参集してくれた百万人の期待に応えるためにも奮起しなければならない。東方会同志は身を挺して困難の先に立ち、活眼を開いて国家の大局を認識し、公事に臨んではこれを担当する見識と熱情を持ち、あえて一世の師表たるべき矜持を有せねばならぬ。(略)政府は中間搾取を取り除くといっているが農民と漁夫は果たして厚遇されつつあるか。膨大なる官設的配給機構は果してその能率を発揮し、中間搾取を軽減しえたであろうか。語る能わざる者のために語り、訴うる能わざる者のために訴え、もって天下に正義をしくは、我らに課せられたる聖なる任務である。

正剛は東方会同志を応援するため全国を駆け巡った。東條肝いりの翼政協は候補者四百六十六名を推薦し、臨時軍事費から流用された政治資金を使い、さらに政府の全機関を通じて非推薦候補者に各種の妨害・干渉を加えた。以前、陸軍機密費の不正を正剛が議会で摘発した時、尾崎咢堂は機密費問題を晴らしておかないと将来に禍根を残すと警告していた。その禍いがこの「翼賛選挙」に現れた。翼政協は流用した政治資金をもとに、三百八十一名を当選させた。正剛は翼賛候補を抑えてトップ当選したが、東方会の同志は妨害や弾圧で落選し、七名の当選に止まった。同じ非推薦の鳩山一郎の同好会も三木武吉派も、数名しか当選できなかった。

選挙後、東條の私設秘書若松華瑶が連絡係になったといって東久邇宮邸を訪問した。「今回の翼賛総選挙は一般に不人気で、将来、これが東條内閣崩壊の原因になるだろう」と若松は話した。またその日、石原莞爾も訪ねてきて、独ソ和平の仲介や重慶政府との和平交渉、戦争を早く終結させることなどを話した。さらに食糧問題や今回の翼賛選挙などで人心は悪化し、国民は東條内閣と陸軍を恨んでいるので東條内閣の交代と陸軍の大改革を断行すべきであると主張した。

東條は臨時議会前に、推薦議員を中心に翼賛政治会（翼政会）を結成させた。これを唯一の政党として非推薦議員も強制的に入会させ、他の政党会派はすべて禁止した。

三年一カ月ぶりに議会に復帰した正剛は、「東條首相の前で国民服をつけて観兵式をやりかねない翼賛議員の顔ぶれ」を見て、新たに憤懣が込み上げ、「一人になっても戦う」と言って翼政会への入会を拒んだ。事態を容易ならずとみた蘇峰と緒方の勧めによって、ようやく正剛も東方会を解散して翼政会に入会した。こうして議会は政府の御用機関的な一国一党の翼政会一色となり、東條独裁のファシズム体制が確立された。

太平洋戦争は開戦以来、日本軍の連戦連勝で、臨時議会が終わった昭和十七（一九四二）年五月ごろ、南はニューギニア・ソロモン諸島、東はミッドウェー島、西はビルマ（現・ミャンマー）、北はアリューシャン列島にまで戦線を拡大させていた。大勝利に酔う政府・軍部の上層部は、日米の国力比が十対一の大差であることも忘れていた。

大本営は連勝の余勢をかって大規模な米豪遮断作戦を立て、オーストラリア軍の重要拠点であるポートモレスビー（ニューギニア南岸）の攻略に進発させた。これが米軍機に発見されて珊瑚海海戦となり、上陸作戦は断念した。一方、去る四月に東京が突如空襲を受けたことから本土の防空哨戒線を東に広げるため、決しかねていたミッドウェー島への攻略戦を決定した。

六月五日早朝、同島への空襲を開始した。しかし、日本の機動部隊は作戦を誤るとともにレーダーによる米機動部隊の反撃にあって大惨敗を喫し、主力空母四隻と多数の飛行機、優秀な搭乗員を失った。その結果、米豪遮断作戦はおろか、検討中のハワイ攻略も問題外となった。海軍はこの敗北を隠し、海軍部内の少数の関係者以外、陸軍にも被害の実態を伝えなかった。

開戦から半年、戦局はミッドウェー海戦を転機に逆転した。正剛はこれより七年前、「我観」（十年十一月号）で「一艘の大戦闘艦を建造する費用をもって一千台の飛行機を作製する事ができる」と論じ、「大空軍の必要」を力説していた。石原莞爾や参謀本部の開明的な中堅幹部も空軍の拡張を主張していた。だが、当時の上層部は伝統の大艦巨砲主義を墨守し、軍備大拡張予算に戦艦大和や武蔵の建造費を計上させていた。

一方、真珠湾を教訓に航空機中心の戦略に転換していたアメリカは、空母や巡洋艦などの海空戦力の充実を図り、異常な速度で反攻態勢を整えた。

昭和十七年八月、米軍はソロモン諸島のツラギ・ガダルカナル両島へ上陸を行い、反攻作戦を開始。出撃した日本艦隊は米軍の上陸を阻止できず、飛行場をほぼ完成させていたガダルカナル島の守備隊は全滅した。その後、ガダルカナル島奪回のため大本営は三次にわたり上陸部隊を投入した。ソロモン海戦も三次にわたって敢行したものの制海・制空権が奪えず、駆逐艦による「鼠輸送」に切り替えた。得意とする夜戦や白兵戦による総攻撃もことごとく失敗。米軍はレーダーを実用化し、密林にはマイクを仕掛けて日本軍の行動を逐一把握していた。ガダルカナル島への補給は潜水艦を使って続けられたが、定量の五分の一ないし三分の一にも満たず、弾薬と糧食は日一日と欠乏し飢餓と疫病が迫っていた。

「天下一人を以て興る」

このころ、中野家では三男達彦が入営し、母トラと四男泰雄と正剛、書生四人、お手伝い二人を含めて九人世帯になり、猶興居開設以来最少の人数となった。正剛の政治活動も翼政会に入会以来少なくなっていたところ、帝都日々新聞社主催の「長期戦完遂演説会」に要請され、大蔵大臣賀屋興宣、商工大臣岸信介とともに講演することになった。

登壇した正剛は、東條内閣の統制経済政策に対して日ごろ考えていたことを忌憚なく話した。聴衆は半年振りに聞く正剛の演説に興奮して、「岸なんかどうでもいいぞ」、「もっとやってくれ」と盛んに要望。主催者はやむなく、予定していた映画の時間を正剛の演説に切り替えて、その場をおさめた。一部の聴衆は帰りの雨の中、正剛の自動車を取り巻いて熱狂した。四月の選挙以来、国民に所信を訴えていなかった正剛は、久し振りに聴衆の心からの歓迎と感動に接し、演説への情熱が沸々と甦るのを覚えた。

昭和十七（一九四二）年十一月十日、早稲田大学創立六十周年記念講演を依頼された。そのころ、正剛は戦局について情報を収集していたが外国の新聞雑誌が手に入らないので、四書（大学・中庸・孔子・孟子）を読んでいた。学生に天下を奮い起こす覚悟と努力を堅持してほしいとの願いを込め、漢籍にちなみ「天下一人を以て興る」を演題に定めた。

講演のはじめは、陸軍主流が強調する「長期戦」に疑問を投げかけ、続いて海軍報道部長の平出英夫大佐の講演内容を中心に、熾烈化している南太平洋の戦局の動向について話を進めた。平出大佐が「オトリ」作戦と言っていたソロモンの戦いで、その「オトリ」がガダルカナル島であることをまだ正剛は知らなかった。しかし、ミッドウェー海戦の実情と、ソロモンへの輸送が駆逐艦による「鼠輸送」や潜水艦による夜間輸送に頼らなければならなくなっている実情を側聞し、様々な情報と合わせて、この「オトリ」攻防戦が日米両軍の「天王山」であると予感した。

正剛は、平出大佐は食うか食われるかの戦闘が継続中であるというが、絶対に食われてはならぬ、断じて勝たねばならぬと言って「勝つ国の形相」について次のように語った。

――前線には新鋭武器が送り込まれて士気はますます上がる。銃後の国民は苦痛をこらえて働けば、そこにはげみ甲斐が見え、国民は政府の圧力を感ぜず国家の体温を感じてくる。政府は信頼せられ、指導はますます名声を高くする。これが勝つ国の形相である。

現実はどうか。政府は「精神こそ戦争決定の要素である」と高言して生産力には触れない。物を支配する大臣たちが人の精神を動かさんとして、物から遊離した精神論ばかり唱えておれば観念の遊技に堕する。人間社会のことは物と精神とが一つにならねばならぬ。精神の高揚は物の上に表現せられて生産増加に繋がるのである。目下生産力が決戦の死命を決せんとする時、政府当局者は勝つ国の形相を持たず、施策も示さず、本末を転倒して精神論のみを説くだけでは国民の奮起は望めない。――

正剛は空虚な精神主義を批判し、物と精神を一つにせよと強調した。

続いて講演は中江藤樹の話に移った。正剛は陽明学の知行合一と理気一元の理念を説明した後、「知は行に活き、理は気に活く。この呼吸がわからねば学問が実際の役に立たない」と言って、大塩平八郎の乱の際、門弟の一人に「兵をあげることは実に匹夫の勇に過ぎない。そんなことで幕府の財政を立て直すことができますか」と諫められた時の大塩の次の言葉を紹介した。

「数日前、淀川の堤を歩いていると、捨子に出会った。その泣声が実に俺の耳の底にひびく。母親なるものが捨てた子を見かえりながら立ち去りかけたが、また帰りきたりて頬ずりする。そうして、なにか詫び言をならべながら、泣く泣く立ち去ろうとする。それがまたかえってくる。ついに意を決して捨てていったが、その母親さえももう飢えて死にそうな姿であった。お前は赤ん坊の泣き声とお前の心との間に紙一枚をへだてている。お前は赤ん坊を見物しているのだ。ただ可哀想だと言いながら……。おれは違う。赤子の泣くのは俺の心が泣くのだ。捨てられた子、飢えたる民、それを前にして、見物しながら思案する余地はない。だからやる。断じて武力に訴えてもやるのだ。善は小なりといえどもなさざるなかれ。小善といえども、命を捨ててかからねば、どうしてできるか。おれはおれの憐愍の情が命ずるままに、断じて身をもって事に当るのだ」

南海の島々では飢えとマラリアに苦しむ兵士たちが激しい砲爆撃にさらされ、我が飛行機は敵機や敵艦に体当たりして若い命を大空に散らしている。銃後の農村では若い労働力を奪われた老人たちが田畑の耕作に精を出し、中商工業者は政府の一元的統合によって転廃業を強制されている。その犠牲をなおざりにして、政府は戦局の実相を内密にして景気のよい戦果の発表を続け、ただ精神論のみを強要する。そんな高級軍人や高級官僚の権力的姿勢とエゴイズムが正剛には許せないのである。出征を前にした大隈満堂の学生たちに、「天下一人を以て興る」と呼び掛ける時、正剛は現代の大塩となり、その理と気魄《きはく》を共にしていた。続いて自由の問題に移った。

――「我に自由をあたえよ、しからずんば死をあたえよ」という言葉は壮烈な言葉である。私はかくの如き自由の精神を尊いものと思う。ルターは宗教的迷信の特権支配に対して、人間が人間の価値を認識し、正しき人として生きるために、死をも恐れず立ち上がった。それが最初の自由の叫びである。プロテスタントも自由主義もその発生の利那には正当の理由があったのだ。

敢然とワイマール体制に反対したヒトラーは、権力の手先になるを潔よしとせず、真に強きものは一人あるとき最も強しと言った。

東洋の言葉でいえば千万人といえども吾往かんの気概で、これが個性の目覚めである。善良なる個人は自由意志により、良心の自律により、自己の責任において、自己の利益を犠牲にするのみか、自己に対して死をすら命令することができる。真の完成する個人は自己に対し、国家のために死を要求することができる。しかし、個性の神聖に目覚めない者は、集団の中に溺れて個性を滅却する。そうして集団の圧力として恥ずべき行為を臆面もなく強行する。これこそまさに自由の堕落である。

今日の日本において我々の敵とすべきものは、人間性の神聖を冒瀆し、時勢に便乗し、権力と集団とを背景として破廉恥の行いを逞《たくま》しゅうする輩である。挙世滔々たる中に毅然として自己の本領を維持し、自己の行動を良心の自律により自由に決定しうるが如き人物こそ、実に我らの同志なりといわねばならない。

諸君は大学生である。碌々《ろくろく》たる斗筲（竹の器、器量が小さいこと）の輩ではない。「天下一人をもって興る」の意気込みは、諸君こそ堅持しなければならぬ。

今諸君の双肩には、前古未曾有の苦難が投げかけられている。諸君は五尺の身体をもって大地の上に闘争しながら、現実の上に諸君の「マイン・カンプ」（わが闘争）を書かなければならぬ。千万人といえども吾往かん。古今聖賢の言、味わえば数かぎりなく役に立つことばかり。有為の人となるのはむずかしくない。

諸君が世に処せんと欲すれば、中庸の大至誠をもって己の性を尽くし、己を究め尽くせば人の性を尽くし得る。人と物の性を尽くして万事に精通すれば人の世を救済することができる。出発点は天地を貫く至誠である。至誠ある者は怠け者であってはならない。愚も怠惰も不徳、浅薄も阿附《あふ》迎合も不徳の中、便乗して利を求めるに至ってはさらに甚だしい不徳である。八百屋の前に立つ群集、兵隊さんの家庭、英霊の数々、労働者の顔色、工場の気分、すべて敏感に諸君の至誠の鏡に映らなければならぬ。はっきり映らないならば誠が足らないからである。今の世の姿がはっきり鏡に映ったならば、諸君はこれを憂い、これに悩まなければならぬ。救済の途を研究しなければならぬ。体当りで打開の決意をなさなければならぬ。――

最後に正剛は「日本の巨船は怒濤の中にただよっている。便乗主義者を満載していては危険である。諸君は自己に目醒めよ。天下一人を以て興れ。これが私の親愛なる同学諸君に切望する所である」と述べて、延々三時間を超える熱演を結んだ。

聴講する学生の中に四男泰雄がいた。これまで父の講演について批評家的な気分を捨て去ることができなかったというが、この日の演説だけは本当に感銘を受けたと述べている。竹下登はこの演説で政治家になる決心をしたという。

東方会本部に勤務していた猪俣敬太郎は、自由民権の熱烈な使徒としての中野正剛が、幾山河の遍歴ののち最後に発した彼本然の叫びであったと激賞した。講演速記を読んだ朝日新聞の大西斎《いつき》は、光焔万丈、堂々たる偉論で、おそらく早稲田大学創始以来の名講演であろうと評したという。そして平成の今日、早稲田大学総長奥島孝康は「個の気概今も」と題して、卒業生を送る式辞に引用したという。今なお心を打つ新鮮さがある。

東條内閣打倒に立つ（昭和十七―十八年）

悲風山雨野に満つ、われ遂に立てり

開戦六カ月後のミッドウェー海戦、続くソロモンの戦によって制海・制空権を失い、戦力における格差は歴然としてきた。それでも大本営はガダルカナル島奪回作戦に兵三万余を投入して、上陸と敗北を繰り返していた。しかし昭和十七(一九四二)年十一月以降は補給が全く困難となり、密林に立てこもる兵士は飢餓や疫病に倒れ、「餓島」と言われる惨状を呈してきた。戦死の公報とともにその熾烈さが徐々に伝わり、国民の一部に大きな不安感を募らせていた。

戦局の不利に焦慮していた東條英機は、十二月、甘粕正彦を使って郷里の山形県に隠棲していた石原莞爾を呼びにやり、大政翼賛会と今後の戦争指導について意見を求めた。石原は「大政翼賛など、自分はああいう官僚運動など考えたこともない。国民運動は国民の自発的な参加がなければ力をもたない。戦争の全般的指導など君にできないことは最初からわかりきったことだ。このまま行けば日本は亡びてしまう。一日も早く総理大臣をやめることだ」と答えたという。

十二月二十一日、東方会は開戦一周年を記念して日比谷公会堂で演説会を企画した。正剛は大隈講堂での講演内容をもとに、国内経済と政府への警告に重点をおくことにした。ところが、早稲田での講演内容を把握していた内務省や警視庁は演説会を許可しようとしない。三田村武夫議員が政府攻撃はしないとの一札を入れてようやく許可が出た。警視庁は会場に直通電話を引いて警戒を強めた。

講演は月曜日の午後一時開催というのに、霜が降りた白い広場に朝六時から長蛇の列が渦を作りはじめた。会場整理費三十銭を払って入場できたのは四千人で、場外は八千人にふくれた。演題は「国民的必勝陣を結成せよ」。時局の重圧を身近に感じていた聴衆は真剣に正剛の説明に聞き入った。

「諸君、営利主義は悪い、資本主義は悪いといっていますが、小さいところをほじくってもダメです。根底を正さなければダメであると私は思う。孟子は『恒《つね》の産（一定の資産）なくして恒の心（一定の道徳心）あるものは、ただ士これをよくすることをなす』といっております。恒の生活の業なくして人間らしき心を持ち得るものは士だけができるのだ。これは偉い人はやれる。これができるのは志士である。庶民のごときにいたっては、恒の産なければしたがって恒の心がない。民の生業を奪って路傍に転落させながら、その人が恒の心を持たずしてまちがいを犯したといって、これをフン縛るならば、これは民を網する（網をかけてつかまえる）ものなりと、孟子がいっております。どうでしょうか、滅私奉公は上の方だけシッカリやろう。士これをよくする。われわれは士である。お役人もある意味において士でしょう。……どうです、大臣はじめみんな一つ恒の産がなくとも恒の心を持って見ようじゃないか。恩給をもらっている者は、何万円の年俸をまず辞退して見ようじゃないか。人の困っているときに、住宅を建てて見たり、土地を買って見たりすることは、止めて見ようじゃないか。

人に求めるときには、孔孟すら難しとするところを求める。そこらのなんでもない親爺さんなんかに向かって、営利主義は怪しからん、お前は非国民だという。孔孟の難しとするところを庶民に求める。しかして、ゴロツキでも卑しむところを、権力ある者がみずから行うにいたっては、天下にどうして必勝態勢をつくることができるでしょうか」

正剛は為政者や官僚が士としての凛《りん》たる誇りを持たず、国民にのみ孔孟の難しとする苦労を要求する権力者の尊大さと利己主義を批判し、言動の矛盾を鋭く突いた。

「悲風山雨野に満つ、われ遂に立てり」の言葉で始まった三時間半の演説は、「一億必勝態勢を確立しよう。各々困難の先に立ち、各々気負って起とうじゃないか、諸君!」と呼びかけて終わった。

この日の演説は官憲の監視や監督を考慮して政府批判はかなり抑制したという。それでも三田村武夫は、舌端まさに火を吐く熱弁で、心中深く決した東條打倒の決意を大胆に表現したと言い、緒方竹虎も東條内閣への宣戦であったと述べている。監視の警察官は正剛の気魄と聴衆の熱狂に圧倒されたのか、内心同調したのか、演説の中止も「弁士注意」の制止さえも一切しなかった。

ところがその数日後、政府はこの日比谷演説を東條内閣に対する批判として、東方会の演説に対しては一切許可を与えないことを決定した。また「天下一人を以て興る」の演説を掲載した「東大陸」の十二月号も発禁処分にした。正剛の演説不許可の指令は、内務大臣から全国の警察署に通知された。

こうして国民に感動と奮起を呼び起こし、「千軍万馬の大雄弁家」、「不世出の雄弁家」と称された中野正剛は国民の前から姿を消すこととなった。

「戦時宰相論」

昭和十七（一九四二）年十二月三十一日、大本営はようやくガダルカナル島からの撤退を御前会議で決定した。そんな会議の様子を知る由もなく、正剛は朝日新聞主筆の緒方竹虎から、昭和十八年の新年号に「戦時宰相論」を書いてくれと頼まれて苦慮していた。

ヒトラー、ムッソリーニ、ルーズヴェルト、チャーチル、スターリンなど世界の宰相を論じることは容易であるが、それを書けば東條を欠かすわけにはいくまい、さりとて便乗主義者や佞臣《ねいしん》のように媚態を示すことは正剛の武士道が許さない、批判をすれば朝日が発禁になる。正剛はジレンマを抱えていた。三十一日午前四時ごろ目が覚め、諸葛孔明の「前出師表《ぜんすいしのひょう》」が浮かんだ。「先帝、臣が謹慎なるを知る。故に崩ずるに臨みて臣に託するに大事を以てす」。「そうだ、この謹慎だ！」とばかりに寝床を蹴って書斎に上がった。筆を執ると四十分で書くことができた。

戦時宰相たる第一の資格は、絶対に強きことにある。戦は闘争の最も激烈にして大規模なるものである。闘争において弱きは罪悪である。国は経済によりて滅びず、敗戦によりてです

ら滅びず、指導者が自信を喪失し、国民が帰趨に迷うことによりて滅びるのである。（略）
非常時宰相は絶対に強きを要する。されど個人の強さには限りがある。宰相として真に強からんがためには、国民の愛国的情熱と同化し、時にこれを鼓舞し、時にこれに激励さるることが必要である。（略）
日本の非常時宰相は殉国の至誠を捧げ匪躬《ひきゅう》の節（わが身を顧みず国に忠節）を尽せば自ら強さが出て来るのである。（略）
諸葛孔明が兵を用うること神の如く、民を視ること慈父の如く、文武の大宰相として蜀漢の興廃を担いて起ち、死を以て節を全うせし所は、実に英雄にして忠臣の資質を兼ねる者である。彼が非常時宰相たるの心得は出師の表にも現われて居る。彼は虚名を求めず、英雄を気取らず、専ら君主の為に人材を推挽し、寧ろ己の盛名を厭《いと》うて、本質的に国家の全責任を担って居る。宮中向きは誰々、政治向きは誰々、前線将軍は誰々と、言を極めてその誠忠と智能とを称揚し、唯自己に就いては「先帝臣が謹慎なるを知る」と奏し、真に臣たる者の心だてを語っている。彼は謹慎である。それ故に私生活も清楚である。彼は曰く「（略）臣は在外勤務に就いていて私の調度はいりませぬ。身に必要な衣食は皆な官費で頂き、別に生活の為に一尺一寸を増す必要はない。臣が死するの日、決して余財ありて陛下に負《そむ》くようなことはありませぬ」と彼は誠忠なるが故に謹慎であり謹慎なるが故に廉潔である。（略）
孔明は誠忠、謹慎、廉潔なるが故に百姓を労わりおきてを示し、赤誠を開き、公道を布き、賞する時には遠き者を遺《わす》れず、罰する時には近親に阿《おもね》らなかった。（略）彼は涙を呑んで敗戦の責任者たる馬謖を斬った（略）。彼の信賞必罰は誠忠より発するが故に、偏私なくして、温情がある。孔明の強さは此辺から出発する。（略）彼の仕えたる蜀は敵国たる魏や呉に対して、土地狭少資源貧弱であった。彼は智計を出して天下三分の略を立て、殆ど中原を制せんとして未だ成らず、盟邦は背き、名将関羽は戦死し、先帝は崩じ、精鋭は尽くるという窮境に立った。されど窮境に立ちて絶対強硬方針であった。彼は安易を講和に求むるが如きは絶対に反対であった。（略）敵地に屯田して陣中病を得て五丈原頭に歿した。（略）

日露戦争に於て桂公は寧ろ貫禄なき首相であった。彼は孔明のように謹慎には見えなかったが、陛下の御為に天下の人材を活用して、専ら実質上の責任者を以て任じた。（略）外交には天下の賢才小村を用い、出征軍に大山を頂き、聯合艦隊に東郷を推し、鬼才児玉源太郎をして文武の聰絡たらしめ、傲岸なる山本権兵衛をも懼《おそ》れずして閣内の重鎮とした。（略）桂公は横着なるかに見えて、心の奥底に誠忠と謹慎とを蔵し、それがあの大幅にして剰す所なき人材動員となって現われたのではないか。難局日本の名宰相は絶対に強くなければならぬ。強からんが為には、誠忠に謹慎に廉潔に、而して気宇広大でなければならぬ。

（「中野正剛先生を偲ぶ」「季刊「玄洋」特別号第三号」）

正剛は、宰相の条件をあえて歴史上の名宰相に託して「戦時宰相論」を書き終えた。

昭和十八年元旦、屠蘇気分で「朝日新聞」に目を通していた東條は、正剛の写真入り囲み十段の「戦時宰相論――誠忠・絶対に強かれ」の記事を読み終わるやいなや、卓上電話を取り上げて情報局を呼び出し、「朝日新聞」の発売禁止を声高に命じた。しかし、東條の一顰一笑《いっぴんいっしょう》に極度に神経質になっていた内閣情報局の検閲官憲ですら、何の危惧もなく記事を通過させていたので、すでに配達済みとなり発売禁止は実効しなかった。

正剛は一文の趣旨は「東條に謹慎を求むるにある」と緒方に語ったというが、緒方は「一字の無駄もない荘重な名文で、粛殺《しゆくさつ》の気《き》人に迫るものはあるが、反戦とか政府の忌諱《きき》に触れるようなものは何もなかった」と言っている。尾崎士郎はむしろ東條を激励する意味に解したという。検閲当局が削除なしでパスさせたのも無理はない。正剛自身「戦時宰相論」は宰相としての理想を「誠忠」と「謹慎」に求め、心の底からその実現を期待した。発禁になろうとは予想だにしていなかった。何が東條の逆鱗に触れたのか。当時、東京憲兵隊の弾圧目標は近衛文磨と中野正剛で、近衛は重臣を動かす者、中野は国民大衆を動かす者として、獅子身中の虫と恐れ敵視していたという。

正剛は一月六、七日ごろになってガダルカナル島からの撤退決定と、兵士たちが食料も弾薬もなく、飢餓と疫病で生死をさまよい全滅に瀕《ひん》していることを知った。泰雄によると、その日、正剛は血相が変わり、その後、眠れない日々が続いていたという。ソロモンの戦いが「天王山」だと訴えていただけに、ガダルカナル島からの撤退が何を意味するかは明白であった。赤子を見捨てられない母親と同様に「餓島」の兵士の無念さを脳裡に浮かべ、戦争遂行に協力して国民を鼓舞してきた自責の念で、正剛の胸は締め付けられていた。同時に東條がこのまま権力を掌握し続ければ、勝っても負けても日本の将来はないと確信した。正剛はついに東條内閣の打倒を決意して血路を求めた。

東條内閣への宣戦

昭和十八（一九四三）年一月議会の開会は、東條首相が病気のため出席できず一週間の休会になった。このことで東條退陣の政変説が流れた。背景には倒閣の機会をうかがう動きがあった。近衛は木戸内大臣を訪問して、吉田茂宅で宇垣擁立への会合があったことを聞いた。ほかにも東條打倒の動きはあったが、結局表面化するには至らなかった。

三田村は正剛の連絡役としてたびたび近衛を訪問した。その時の近衛との会話を『中野正剛は何故自刃したか！』に書いている。

「実は僕（近衛）もいろいろ心配しているのだが、東條は何時も陛下のところに行って〝国民は絶対私を信任して居ります。その証拠に議会をごらん下さい。いつも満場一致、全会一致で東條内閣を支持して居ります。極く一部の者がとやかくいうけれども、これはためにせんとする反対論者であり、数も極く僅かで問題になりません。絶対御安心願いたい〟と云う意味のことを申上げている。この問題については僕も困っているんだ。そこであなたに要求するんだが、僕らの責任ばかり追及せずに、議会も少しは考えたらどうだ。せめて二十人か三十人東條反対の議会勢力が新しくできたならば、僕も東條内閣を辞めさせることについて責任を取ろう。これは僕の立場からあなたに要求するんだが、考えてほしい……」

近衛の意向を聞いて正剛は「議会は国政審議の最高の府で、憲法の機関だ。しかも国民代表の府だ。そこで全会一致東條を支持している際に近衛君一人で〝東條はいけません〟ということは困難だろう。これはわれわれの力で何とかせざるを得まい」と言った。

近衛は東久邇宮を訪問して「財界や政界、業界が東條内閣の政策に反対であり、これ以上現在の政策を続ければ危険である」と述べた。近衛と正剛はガダルカナルの敗戦の重要性を認識し、東條内閣の存続は日本にとって危険であるとの意見で一致していたという。

東條は戦局の悪化とともに参謀本部から反感をもたれ、政財界からも嫌われ、退陣を期待されながらなお存続し続けた。それは東條の親衛隊と化した憲兵隊の圧力と、媚態・便乗主義者の側近と、「三奸（企画院総裁鈴木貞一、憲兵司令官加藤泊次郎、東京憲兵隊長四方諒二）四愚（佐藤賢了陸軍中将ら）」の力によるものであった。東條は関東軍の憲兵隊司令官当時から加藤と四方に目をかけ、私的に密接な関係を築きながら彼らを憲兵体制の中心にすえ、その後、彼らを意のままに動かしていた。

東條内閣は昭和十八年の二月議会で、言論と結社取り締まり強化のため「戦時刑事特別法改正案」（戦刑法）を上程した。東條は貴族院本会議で、「国内の結束を乱す言動に対しては徹底的に今後もやって行く。たといその者がいかなる高官であろうと、いかなる者であろうと容赦はいたさない」と発言した。これは近衛と中野の二人をマークしたのだと取りざたされた。「東大陸」編集責任者の長谷川峻《たかし》は、正剛の原稿に引かれた朱線の理由を検閲官に尋ねた。すると、文章や字句の問題ではない、中野という人間を抹殺しなければならないのだと放言したという。憲兵や特高警察の監視の眼は、近衛や正剛はもとより重臣や宮様の動向にまで網の目のように張り巡らされていた。

戦刑法は貴族院で可決された後、衆議院に送られ、一松《ひとまつ》定吉ら三人の議員が批判演説をした。東條礼讃の議会において初めて反政府的な気運が芽を出した。法案は特別委員会に付託され、三田村は委員の一人に指名された。特別委員会において、三田村は法案の性格を内閣不可侵法と断定し、倒閣運動も、大臣の不信任も、政府批判も、「国政変乱」の罪になしうるので、この法案を通せば議会の権能を実質的な死に至らしめる、と述べて強く反対した。法案は東條内閣の独裁的支配体制の強化を図る内容であった。

戦刑法反対の声は院外に広がった。真っ向から戦うべき自由主義者たちは、昭和十六年の改正治安維持法の施行以来、勇気を失い逃避して沈黙していた。反対に立ち上がったのは皮肉にもこれまで政府から利用されてきた右翼陣営で、各団体が一斉に反対の声明書を出した。

北昤吉《れいきち》は「愛国新聞」で、この法案は東條内閣と東條政治の全貌を露呈するもので、これを通せば万民が政府盲従となり、全国民は保身のために三猿主義に徹底するの外ないであろう、と痛烈に批判した。天野辰夫は主宰する「維新公論」で、今次議会における東條総理の言論は実に傍若無人で、道鏡や尊氏の再現であると述べ、戦刑法を「政体変革法案」、「武断独裁専制法案」として、「断じて不可なり」と決めつけた。

「愛国新聞」も「維新公論」も発禁にされたが、東條を手こずらせたのはこれら右翼陣営の反政府的、自由主義的批判であったという。

鳩山・三木との三者会談と最後の帰郷

正剛は民政党時代、同じ党員の三木武吉を政略家としての手腕は認めながらも節操において信頼していなかった。また政友会の鳩山一郎は政敵として批判してきた経緯があった。それが、翼賛選挙反対と戦刑法案反対で三者は肝胆相照らす仲となり、反東條三者同盟ができた。

院内外で戦刑法への反対が起こる中、正剛は鳩山と三木を訪問した。正剛がこの際、右翼団体とも提携して反東條勢力を結集することについて相談したところ、三木は議員を五十人結集すれば多数を制することができると答え、鳩山もこの機に及んでみっともない行動はとれない、堂々と悪法と戦うのみだと言って賛成した。

三者による反対運動の成果は、院内で百七十五名の反対署名を集め、特別委員会でも戦刑法案の賛成者はわずか三人となった。だが、濱野委員長はその結果を委員会の決定と認めず、未採決として議会と同じ機能を持つ翼政代議士会に持ち込む作戦に出た。

翼政代議士会において濱野は、委員会の経過報告として「三田村委員らの傾聴に値する意見も出たが、委員会としてはおおむね原案に賛成である」と、事実に反する発言をした。激高した反対派議員は委員会への差し戻し再審議を要求、これを翼政会幹部が強引に押し切ろうとしたので混乱におちいり、幹部は別室に引き上げた。この時、三木が座長席につき、「これより有志代議士会を開きます」と宣言した。続いて鳩山が、「議会はすでにその機能を停止している。ただ賛成あるのみの議会はむしろ百害を生む危険さえある」と言って、戦刑法を法理論的に「悪法」だと指摘した。続いて正剛は、「恐るべき独裁政治の形態を外観・内容とも整えるものだ」と言って軍政の横暴を批判した。東條礼讃の翼賛議員は聞き入れず、多数の勢いで三木を座長席から引きずり降ろそうとした。しかし三木は譲らず、約三十名の反対派議員が三木、鳩山、中野の三人を守り、三時間ほど紛糾してその日は終わった。

政府と翼政会幹部は、翌土曜日と日曜日にかけてめぼしい反対派議員を箱根や熱海に連れ出し、あらゆる手段を用いて切り崩しを図った。

月曜日の正午から再び翼政代議士会が開かれた。すると院内の空気は一変していた。賛成・反対双方の意見発表の後、討論打ち切り、裁決の動議・裁決に移ろうとした。その時、満井佐吉が怒鳴った。「この法律案に賛成するヤツは、箱根や熱海で政府から買収されたヤツらだ。買収されたヤツは表決に加わる資格はない。出て行け」。続いて反対議員の挙手を数えていた笹川良一が、「反対署名した百七十五名はどこに消えたのだ」と怒号した。もろくも反対議員は四十数名に落ち、戦刑法を阻止することはできなかった。

鳩山は「あのとき、東條が憲兵と特高警察を動員して反対派議員を圧迫した状況はまったく目に余るものがあった」と言っている。その切り崩し策は、首相官邸における「閣僚緊急会合」によって練られたという。

戦刑法の阻止に努力してきた正剛は絶望的になった。この時正剛を勇気づけたのは、猶興居や振東塾道場で講義していた「日本外史」(頼山陽)であった。講義で特に強調したのは、「十万の将兵を異境の鬼となからしむるなかれ」という秀吉の朝鮮撤兵の言葉である。東條への警鐘とともに、戦争継続になびく日本の指導者への訴えを込めていたからだという。講義は『太閤秀吉』として単行本にまとめられ、ベストセラーとなった。

大本営は昭和十八年二月七日、ガダルカナル島に残る兵士を救出して撤退を完了させた。二月十日の「朝日新聞」は「敵大損害」の誇大記事を載せ、大本営は「転進」と称して敵損害二万五千以上、我が方一万七百三十四名と発表した。戦後の調査によると、犠牲者は米軍約六千名、日本軍は陸軍二万八百名、海軍八百三十名となっている。大本営が発表した戦争全期の戦果の誇張は平均して約六倍、損害は約五分の一にとどめられていたという(朝日新聞「新聞と戦争」)。さらにソロモン海戦で失った艦船や飛行機の損害はミッドウェー海戦の三倍と言われ、熟練搭乗員も二千名以上失った。ガダルカナル島を取り巻くソロモンの戦いは、まさに太平洋戦争の「天王山」であり、敗北への転換点となった。ガダルカナル島に戦力を転用されて手薄になったニューギニアでも、主要部が米軍の手に落ち、持久戦で耐えるほかはなかった。

このころソ連に侵攻していた独軍も、スターリングラード（現ヴォルゴグラード）の市街戦で冬将軍の到来とソ連軍の反撃によって大打撃を受け、ガダルカナル島撤退の同時期に退却を余儀なくされた。さらに四月には山本五十六連合艦隊司令長官が戦死、五月には北方アッツ島の守備隊が全滅。軍部にも暗雲が生じていたが、大本営は全滅を美化して国民に「玉砕」と報じた。

この悲報を知った正剛は、悲惨な状況の中で戦死していく若者たちのことを思うといたたまれなくなり、もはや行動に移す以外にないと覚悟を決めた。このころ尾崎咢堂から激励の手紙が寄せられている。

「日本はこのままでは必ず敗れる。戦争は全国民の盛り上がる力で戦わねばならないのに、日本では逆に、東條のごとき狂人独裁者が、国民を上から押えつけ、奴隷扱いにしている。あなたはこれにたいしてもっとも勇敢に戦っておられる、まことに感謝に堪えない。自分はもう九十に近い老齢で、第一線のお役にたたない、残念だ。中野さん、どうかシッカリやってくれ」

同年五月、正剛は後援団体猶興会関係の物故者三百数名の慰霊祭を博多の聖福寺で行うため帰郷した。いつも駅に出迎える柴田文城は病上がりで正剛の家で待っていた。柴田に会うと正剛は抱きついて「先生、日本の現状は全く駄目です……日本はこのままでは敗けてしまいます」と涙

正剛揮毫の書。真の男子は人の引き立てがなくても気概を発揮するという意味（中野泰雄氏提供）

ながらに言った。柴田が「術《すべ》はありませんか」と聞くと、「唯一つだけ道があります」と言って、重臣に東條の辞職運動をしていることを話した。

「大勢偉い人はいるけれども、訪問して東條内閣の政策を批判すると、大概は賛成してくれるが、それなら一つ命を賭けてやろうじゃないかと言うと、それがそのーとお茶を濁してしまう。重臣たちはあてにならない。一人も身体《からだ》を張りきる者がおりません」

「身体を張るとは何ごとな」と柴田が問うと、幡随院《ばんずいいん》長兵衛や国定忠治の例をあげ、「丁半の賭けに負けたらこの身体を自由にせよということで、金の代わりに身体を張るとですたい」、「身体を張って命がけでやるという者が政治家には一人もおりません。昔の博徒《ばくと》にも及ばぬ意気で、なんで国家が救えるものですか」と言って慨嘆した。正剛の剛毅でたじろがぬ気性を誰よりもよく知っていた柴田は、「軍が駄目なら君たち政治家が大いに政治力を発揮せねばならない時である。

早まった考えを起こさず頑張ってくれ」と励ました。

慰霊祭には数百名が集まり、盛大な追悼会となった。演説を封じられていた正剛も、この日は祭主として遺族と同志に話す機会を得た。物故者への追悼の辞を述べた後、猶興会の名前の由来を説き、「豪傑の士は文王なしといえども猶興る」の精神を堅持して、国家のために日本国の魂となって戦い奮起することを誓った。

帰京前、母校修猷館で「難局日本と青年学徒の道」と題して生徒に話している。母校にはたびたび帰っていたので、学生に「親爺みたいな気がします」と語りかけ、中学時代の思い出や世界の戦局の様子を平易に話し、「千万人といえども吾往かんという言葉は、己一個の魂をもって興亡千万年の歴史を担おうということであります。どうか奮励努力、千万人といえども吾往かんの大信念に到達せられんことを望みます」と言って講演を終えた。正剛はすでに「吾往かんの大信念」の実践途上にあったのである。

阿諛迎合の茶坊主

昭和十八（一九四三）年六月、政府は三日間の会期で第八十三臨時議会を召集し、米穀の確保と戦力増強の企業整備に関する両法案を通過させることを求めた。戦刑法の強行成立に続き、今度は国民生活と企業の死活にかかわる重要法案を、わずか三日間で通過させようとしている。容

議会中の中野正剛（下段中央）と東條英機
（上段前列左から３人目。中野泰雄氏提供）

易に認めれば一層東條独裁を招く結果となる。正剛と三田村は政府と翼政会に警告するため、鳩山と三木に連絡して十七日夜の翼政代議士会に出席することを打ち合わせた。鳩山も正剛も議会では反翼政派として正規の発言の機会が与えられていなかったので、発言の自由な代議士会を選んだのである。鳩山六十一歳、三木六十歳、中野五十八歳、政治家として意気盛んな時であった。

代議士会では、まず鳩山が「両案は国民生活に重大な関係があるから十分に慎重審議して国民に納得させ、国民に協力を求めることが肝要である。しかるに会期が三日間では形式的で十分審議したとは言えない」と述べて、会期延長を求めた。しかし、翼政会総務の小川郷太郎は、「最近の議会運営は新しい方式で事前調査をしているから会期は三日で十分である。政府と話し合う必要はない」と冷たくあしらった。小川の発言に正剛は憤然として立ち上がった。

「今議会に二大重要案件が上程されたが、鳩山君の動議には至極同感である。しかるに、議会の長老鳩山君の謙抑《けんよく》にして傾聴すべき発言にたいし、小川君の答弁は無礼である。翼政会の幹部諸君が小川君によって示されたような態度で、今日の政局を考え、議会を運営しているところに根本的な重大問題がある。政府の要求どおり議会を運営するならば議会は有名無実になる。しかも現在日本の議会には政党として翼政会がただ一つあるだけだ。その唯一の政党たる翼政が幹部の専断により、政府の意のままに動くとしたら、東條内閣は完全な独裁政府となるではないか。およそ権力の周囲に阿諛《あゆ》迎合のお茶坊主ばかり集まっていると、善意の権力者をして不逞の臣たらしめ、ついには国を亡ぼすにいたる。日本を誤るものは政治上層の茶坊主どもだ！」と一喝した。

茶坊主と罵倒されて翼政会の代議士たちは総立ちになり、正剛のそばに殺到しようとした。これを見た三木は、正剛の前に腕組みをして仁王立ちになり、「茶坊主ども鎮まれ」と怒鳴りつけ、翼政幹部の数人が野次ると、「茶坊主黙れ！」と叱咤した。反東條派の議員は、正剛、鳩山、三木の三人を囲んで幹部派とにらみ合い、代議士会は騒然となって打ち切られた。

翌日、鳩山は正剛を訪問して言った。

「子孫後世にたいして済まぬという気持が込み上げて来て、昨夜の発言となった。そこを君が僕のいわんと欲して表現し得ざる適確な言葉で、第二陣を勤めてもらったことは感銘に堪えなかった。しかし、お互いに議会では駆出しの新参ではないし、全議員を相手にしてあれだけのことをいったとすれば責任を取らねばなるまい。僕は翼政会を脱会するよ」

議会は予定通り二法案を通過させ、東條内閣の強硬政策に奉仕した。正剛は直ちに翼政会に脱会届けを出した。その翌日、鳩山や三田村ら数人も続いて脱会、議会を一党化した翼賛政治会は、結党一年有余にしてついにヒビが入った。

議会が終わって鳩山は軽井沢の別荘に隠遁した。三木も政治生活に見切りをつけて郷里の高松に引きあげることにした。その前に三木は正剛に会って「君は相変わらず勇敢に戦っているが、軍閥の戦争推進を押さえることはできないから君もしばらく難を避け、郷里の福岡に帰って青年の教育でもしたらどうか。君のように身を粉にしても戦おうとすれば、吉田松陰や頼三樹のような境遇になるのではないか。この際、桂や西郷のように身を韜晦《とうかい》してもしばらく世の中を忍ぶようにしてはどうか」と帰郷を勧めた。

「断じてそれはやらない。自分は自ら吉田松陰をもって任ずる。頼三樹をもって任じる。君は桂小五郎になるもよし、西郷南洲になるもよろしい。身を完うして将来のことを計るのもよろしいが、中野正剛はそんななまぬるい、そんな卑怯なことをする男ではないのだ」

卑怯と言われて三木は怒り、「君は悪く申せば猪突猛進だ」とやり返し、「猪武者では天下の大事はできないぞ」と言った。正剛は答えた。

「君と話をするのはこれが最後だ。あくまでも自分は所信に対して猛進する」

「説得名人」と言われていた三木は、なお捲土重来を勧めたが正剛は聞き入れなかった。正剛の決意は「かくすればかくなるものとしりながらやむにやまれぬ大和魂」と詠んだ吉田松陰の心境そのもので、猛進は正剛の武士道と殉難の精神の真骨頂であった。

重臣工作に賭ける

議会は東條礼讚の翼賛政治会が牛耳り、近衛が正剛に求めた内閣不信任案の提出もできる情勢にはならなかった。ではどうして東條内閣を打倒するか。唯一残された策は東條を選任した重臣の責任で東條に退陣を迫る以外にはない。正剛は宮様と重臣工作に血路を求めた。まず東久邇宮に会って東條内閣打倒への協力を求めた。近衛は高松宮に会い、東條内閣の宣伝とは異なり日本が危険な状況にあることを話した。

昭和十八（一九四三）年七月、亡妻多美子の母花圃の葬式が終わり、初七日が過ぎて、正剛は学徒出陣を控えた泰雄を伴って軽井沢に出かけた。上野駅で三田村や天野辰夫、日下《ひのした》藤吾（当時企画院調査官）らと待ち合わせて、それとなく別々に乗車して軽井沢に向かった。見送りの人が憲兵や警察が尾行していることを知らせたが、正剛は気にしなかった。軽井沢の万平ホテルに落ち着くと、直ちに重臣工作の打ち合わせを始めた。別の旅館にいた松前重義（当時逓信省工務局長）と、軽井沢に住む鳩山が会合に加わった。要は重臣に働きかけて東條に退陣を求め、宇垣内閣を作って早期に講和を実現することであった。

三田村によると、軽井沢会合の後、陸軍省の佐藤賢了軍務局長が一席設けて懇談したいと求めてきたが、正剛ははっきり断ったという。東條周辺では正剛を情報局総裁に、石原莞爾を大東亜大臣にとの動きがあったというが、正剛は「僕の東條に対する立場はオール・オア・ナッシングだよ」と言って微笑していたという。

正剛は活発に重臣を歴訪した。ガソリン不足で自動車が思うように使えないので、自分で馬車を駆けて説得して回った。文字どおり「夜討ち朝駆け」の精力的な活動であった。ある時、中野邸に起居していた秘書役の高橋勝三に「だめだなあ、あの連中はまるでオモチャの機械人形だ。ネジをかけないと動かない。こちらが目の前で真剣に話しかけておるあいだは分っているが、今度会うともうネジが戻っている。あの連中をいちいちネジかけて回るのは、なかなか骨が折れるよ」と、寂しく笑って話したという。近衛との連絡に当たっていた三田村には、「近衛公の如きは全くその典型的なものだ。……外の者にネジを巻かせないように、ゼンマイがのび切らないうちにせっせと行け」と激励したという。

憲兵や特高の目が厳しく、その上腰が重い重臣たちへの説得であったが、ようやく近衛・宇垣会談を実現させ、八月初めに一応の手はずが整った。正剛は天野、日下、松前とともに宇垣、鳩山の別荘がある軽井沢で最後のツメを行い、在京の重臣への連絡には三田村が当たった。

東條は二カ月に一回程度、重臣を招いて戦況報告をしていたので、答礼のかたちで東條を招き、その場を重臣会議にして辞職を求めるという計画であった。まず幹事役の岡田が会議の主旨を説明した後、米内が松前と日下の資料を基に東條の施策を批判し、次いで近衛が東條に引責辞職を勧告する、もし東條が「あとをどうするか」と言い出したら、若槻が宇垣を推し、一同がこれに賛成するという手順となった。宇垣首班の組閣構想もできた。

八月三十日正午、重臣たちは予定通り華族会館に東條を招いた。ところが計画は最初につまずいた。重臣側は総理一人を招待したいと伝えたが、東條は承知せず閣僚同伴ということになり、軍服勲章姿で海相・外相ら四人を引き連れて出席した。重臣側は気勢をそがれた。それでも幹事役の岡田は一応「戦争はどこもぱっとしないようだが」と切り出した。途端に東條は興奮して、「あなたは必勝の信念がないんですか」と叫び、「我ら閣員は何を食わなくても、一死奉公するつもりだ」、「戦争は自分の責任であるから、重臣はとやかく口を出しちゃいかん、断じて退くわけには行かぬ」と怒号した。東條の逆襲で計画は崩れ、結局お座なりの会食に終わった。東條が構えて来たのは、木戸から事前に大方の内容を知らされていたからだという。

正剛たちは会談の成功を期待して、東方会本部で近衛からの連絡を待っていた。数時間待っても連絡はない、問い合わせると直接軽井沢に帰ったという。後で重臣の一人から、東條が閣僚を大勢連れてきたので直言することができなかったと聞き、もはや倒閣の機会はなくなったと正剛は悟った。

三田村の逮捕と一斉検挙

昭和十八（一九四三）年九月六日、正剛は岳父三宅雪嶺の文化勲章受章のお祝と重臣工作関係者の慰労を兼ね、十人ほどを赤坂に招いて小宴を開いた。談論風発で会が盛り上がっている時、三田村は室外の空気が物々しいのに気づいて厠《かわや》に立った。そこを四、五名の私服警官が取り囲み、有無をいわさず警視庁に連行した。三田村の逮捕を目撃した松前は弾圧の手が伸びたと感じ、皆もそれを意識した。

三田村の逮捕容疑は、翼賛政治会脱会の際、「翼政の運営と国体憲法」と題した文書を配付したことであった。取り調べは一週間で終わり、「明日帰ってもらいます」と言われたが、当日、身柄が特高に移されて取り調べは一変した。重臣工作と、当時流布されていた「拓大生による東條暗殺計画」と東方会との関連を追及されたが、何事にも正面から立ち向かう正剛翼下の東方会にテロ計画はなかった。その後、反東條運動に対する弾圧は日ごとに厳しくなり、皇道翼賛青年連盟の数十名が逮捕された。

事態を憂慮した頭山は正剛を呼んで、「ワシが紹介状を書くから中国に行ってしばらく遊んで来てはどうか」と言った。「お志はかたじけないが、たくさんの同志を捨てて自分だけが逃げ出すわけには参りません」と正剛は即座に答えた。同感した頭山は深くうなずき、それ以上は勧めなかった。

十月十五日、正剛は東京地裁における裁判（「勤皇まことむすび」による平沼騏一郎狙撃事件）の被告側証人として出廷した。検事と憲兵隊は正剛の証言阻止と公開禁止を主張したが、裁判長は拒否して公開のまま証言を続けさせた。正剛は家に帰って「あの裁判長はまるで昔のお家騒動に出てくる正義派の若武者のようで、実に見事な感じだな」と感嘆していたという。正剛の証言速記は空襲で消失されたというが、被告の一人は「徹頭徹尾、軍閥官僚の専制を弾劾したもので、実に痛烈、深刻な弁論であった」と言い、当の石田裁判長は「愛国の至情躍動、過去幾月か胸中に去来した思いを満廷の聴衆を前にして、忌憚なく吐露することはまことに本懐だとの様子が全身に溢れていました。尊いものでした。これが中野さんの最後の演説となったのですね」と語っている（『中野正剛の生涯』）。

次回公判は十月二十一日に天野辰夫が証言することになっていたが、天野は同日逮捕された。十月二十日夜、正剛と緒方は帝国ホテルで朝日新聞の弓削田精一の七回忌の追悼の宴を主催していた。その夜、徴兵検査で帰省する猶興居生の壮行会も予定していたので、正剛は宴が終わると直ちに引きあげた。猶興居生の壮行会は、大の中野ファンの中国料理屋の主人夫妻が、材料不足のなか工面してくれたので盛大な宴となった。この夜、松前重義は海軍の友人から「中野、天野がやられる、しかも差し迫っている」との電話を受けたので、すぐ二人に連絡した。

同夜、警視庁は訓練の名目で特高課員を非常召集し、翌二十一日早暁、正剛以下東方同志会

（東方会解散後の思想団体）関係、天野辰夫以下まことむすび関係、福岡の大日本勤王同志会の三団体を全国一斉に検挙した。理由は首相らの暗殺及び国政変乱罪の容疑である。

午前六時、中野邸に特高二課の増田銀二警部ほか十数名が来た。増田は東方会本部や中野邸に出入りしていたので顔見知りであった。猶興居の学生が玄関を開けると、正剛に面会を求めて即座に上がろうとしたので、「先生は逃げ隠れするような人ではない」と言って、ひとまず応接間に案内して正剛に知らせた。

正剛は泰雄を書斎に呼び、重臣工作に協力した日下藤吾執筆の「戦争経済再建の構想」と松前重義が調査した「生産力資料」のプリントを渡して、「これをあとで焼いてくれ、迷惑がかかるといかんから」と言い、金庫から札束を取り出し「緒方さんに預かってもらえ」と渡した。

正剛が応接間に出て「なんだ、どうしたんだい」と言うと、増田は「上司の命令で御同行願いたく参りました」と答えた。「検束か。それなら令状がいるんじゃないかなあ、持ってきたか」と問うと、増田は「先生の人格を尊重して持って来ておりません。枉《ま》げてお願いします」と恐縮したので、「そうか、君を困らしても気の毒だなあ。よし、行ってやろう。少し待ってくれ」と言った。その時、電話が鳴った。天野辰夫からで、「令状がなければ行く必要はない」と言ったが、「僕は政治家だから小役人をいじめても仕方がない。行くことに決めたよ」と答えた。増田は後に、「猶興居の学生（当時八名）を前にしてどうなることかと気をもんだが、君らを困らしても気の毒だなあと言われたので全くホッとした。中野先生は偉かったなあ」と述懐している。

正剛はすでに明鏡止水の心境であった。出頭する際、母に心配をかけたくないから家を出る時は僕の車にしてほしいと言い、母には旅行に出ると言って泰雄と一緒に自分の車に乗った。明治神宮の裏参道で警視庁の車に乗り換えた。

その後、中野家の家宅捜索が行われ、多くの書類や手紙とともに十一本の日本刀が押収され、うち軍装した一本だけが入営中の三男達彦のものだといって残された。

警視庁の留置場一階六号独房にいた三田村は、コツン、コツンとコンクリートの通路を歩く聞きなれた義足の音を耳にした。

母と正剛（中野泰雄氏提供）

「足が不自由でお手数をかけますね」と言いながら前を通る正剛の姿を見た。正剛は同じ一階の独房十号室に入った。

その夜、三田村の独房を点検に来た巡査が「おい、大将、外は大嵐だね。大獅子、小獅子悉く檻《おり》に入れられてしまった。一体世はどうなるんじゃ」と声を掛けた。「ついに安政の大獄来るか」と三田村がつぶやくと、巡査は「これで掃部《かもん》（井伊大老）さん、ますます健在か」と言った。こんな偉い巡査が留置場の看守をしている、日本もまだ捨てたものではないと三田村は思い、民衆と接触している警官には、東條政権の専制と抑圧を冷たく見ていた者もいたのだと知った。

翌日から増田警部による正剛の取り調べが始まった。増田は東方会の事情を熟知しており、お座なりに雑談で時を過ごすことが多かった。正剛は「どんなことを調べるのか要点を箇条書きすれば僕が書いておいてやるよ」とか、「日本もこれで終わりとなろう、今後は青年教育に捧げたい」などと話したという。家人や有志から心づくしの大きな弁当の差し入れがあると、箸で御飯に区切りをつけて、「これから半分はここの小使さんにあげて欲しい」と言い、果物が差し入れられると、手でリンゴを二つに割って「君も食べなさい」と勧めた。東方会百余名の青年が検挙されたと知ると、「若い者たちに苦労をかけた、前途をあやまらしたことは済まんだった」としみじみ語っていたという。

官邸における大評定

議員中野・三田村二人の検挙は、臨時議会前のことで極秘裡に行われたが、二、三日もすると、東京の政界では一般周知の事実となった。鳩山をはじめ反東條、反翼政会の議員は、代議士を議会間近に留置しておくことは怪しからぬ、臨時議会が始まるから二人を釈放せよ、と議会事務局や内務省に要求した。一方、徳富蘇峰も釈放運動を始めた。

政府は遅々とした取り調べにあわて始めた。取り調べの記録書類の大半は焼失して詳細は不明な点もあるというが、『政治家中野正剛』（中野泰雄）、『人間中野正剛』（緒方竹虎）、『中野正剛の生涯』（猪俣敬太郎）などによると、経過は次の通りである。

検事局は先の三田村の検挙に反対で、正剛と東方会などの検挙には初めから乗り気ではなかった。それを察知した内務省は、松阪廣政検事総長の東北主張中に、満州から着任したばかりで事情がよく分からぬ検事次長に諮り、一斉検挙を決定して出張先の総長に認可を求めさせた。松阪は検事全員の会議で決定したものと思って決済したが、一部の者の会合で独断的に決定したことを後で知った。東方会は議会活動を行う一方、大衆活動に重点をおく結社で、文書・言論活動は活発であるが直接行動には出ない政治団体だと検事局は認定していた。第一線の検事は気乗りがしない上に証拠らしい証拠も出てこないので、内務省に対して反発していた。検事次長は政治謀略にかかった思いで、総長出張先の秋田に出かけて事件の概要を説明し、急ぎ帰京を求めた。

十月二十四日、東條の主席秘書官・赤松大佐から松阪検事総長に電話がかかった。中野事件の善後措置を講ずるから出席されたいとのことである。総長は個別事件で総理と面会するのは異例で、法違反になる疑いもあるからと婉曲に断った。だが、上司の岩村法相も出席するというので気が進まぬまま出席した。官邸の日本間に出席していたのは東條総理、安藤内相、岩村法相、町村警保局長、薄田警視総監、森山法制局長、司法省池田刑事局長、それに東京憲兵隊長四方諒二であった。

東條は開口一番、「中野の日比谷演説といい、戦時宰相論といい、全く怪しからん話だ。議会においては翼政会に入らず、自分の反対派となっており、常に政府に反対の言論行動をなしている。平時なら兎に角、戦時においてはこうした言動は利敵罪を構成するものと思う。検挙して以来取り調べているが、あのまま令状を出して起訴し、社会から葬るべきである」と、激烈な口調で松阪総長に同意を求めた。

松阪は「今までの警視庁からの報告では証拠不十分で起訴するわけには行かぬ、内務省なら行政措置として検束して差し支えないかもしれぬが、検事局としては憲法違反という重大問題に逢《ほう》着《ちゃく》する。地方青年が戦争に負けると中野から聞いたと言うが、中野は言っていないと否認している。自白していないものを起訴できないし、正しい言論ならあまり圧迫しないで許しておくことも必要だ。さらにまた現職の代議士を軽々と造言蜚語ぐらいで身柄を拘束して、議会に出席させないでおくわけにも行かぬ」と言って、法律的にも手続きの上でも疑義があるとして反対した。

東條はいそぎ翼政会常任総務から国務大臣になった大麻《おおあさ》唯男を呼びにやった。大麻は出席して初めて正剛の検挙を知った。安藤内相が中野のこれまでの言動がいかに挙国一致体制に反したかを説明したあと、東條が大麻に言った。

「検事局は今のところ中野を起訴できないというのだが、行政検束で留置しておいて議会に出席させないようにしても、議会側が騒がないように手配願えませんか」

「中野君のこれまでしてきたことは自分はよく分からない。行政検束で議会への出席を阻止することはできない。そんなことをすれば立法権の独立もなくなり、憲法政治に背くもので、議会人の常識として許されない」と即座に反対した。

松阪はそれを法的に説明して大麻に賛成した。大麻への協力依頼は期待はずれになったが、東條は執拗に「それなら、とにかく戦争に勝つために、どうしても検事局で起訴して、中野を議会に出さぬようにしてくれ」と要求した。松阪は繰り返し繰り返し、今の取り調べでは証拠不十分だから起訴はできないと説明して、「総理大臣は甚だ失礼ながら、中野のことになると感情でものを言っておられる」と決めつけた。

すると怒りで真っ赤になった東條は、「総長こそ感情でものを言っている。私が総理大臣だから、権柄づくでものを言うと思って感情的に反対するのだろう、怪しからん」と机をたたいて怒鳴りだしたので、一座は白けてしまった。

今村法相と池田刑事局長が、「明日が二十五日で、議会は二十六日から開かれる。まだ明日という余裕があるので、明日の取り調べいかんによってまた局面も違ってくるでしょう」と取りなした。すかさず東條は、「議会は明日召集だが、新しい証拠が出て来て、中野が自白したらどうする」と自信ありげに松阪に迫った。

「新しい事実を自白し、拘束に足る証拠があれば拘留の手続きを取ることもある。それにしても、二十五日午前中でないと間に合わない」と松阪は答えた。

評定は二十五日の午前一時まで続いた。散会後、東條は薄田警視総監と四方東京憲兵隊長を呼び、「警視総監、君の方で二十五日午前中に中野をモノにすることはできんか」と尋ねた。総監は「私の方では今までのところ見込みがありません」と断った。東條は四方の方を向いて「どうだ」と念を押した。四方は「総理、私の方でやりましょう」と即座に答えた。東條は家庭にまで出入りして忠節を尽くす四方を頼りにした。こうして正剛の命運は四方の手に握られることになった。

厳たる司法権

十月二十五日の午前四時半近く、十号房の正剛が連れ出された。義足の音で目覚めた十六号房の天野と六号房の三田村は、房の中から正剛の姿を見送った。三田村は老母に何か変事でもと思い、連れ出されたわけを看守部長に尋ねた。好意的だった彼は、「実は……」と言って憲兵隊に連れて行かれたことを打ち明けた。

官邸会議終了後のいきさつを知らない松阪は、中村登音夫部長以下数名の検事を呼んで昨夜の異例の会合について報告した。「いま調べている造言蜚語については問題も小さいから、議会終了後、身柄を拘束せずに調べることにしよう。なお、今度の検挙には不合理な点も多いので、誤りを繰り返さないようにしたい」と語り、一同も賛成した。一同が総長の意見を支持した背景には、政府と対立しても検事局の所信は曲げまい、中野をして東條の弾圧に勝たせたいとの思いがあったからだという。

二十五日、刻限の十二時近く、松阪総長に電話がかかった。憲兵隊からだという。受話器をとって聞いていた総長の顔色が一変した。「中野が憲兵隊で自白したというのだ。いつ憲兵隊に連れていかれたのだろう」。一瞬にして検事局側の方針が崩れ、一同は驚愕した。

憲兵隊の取り調べは午後も続き、東京地検に正剛が帰されたのは午後六時ごろであった。東條の側近はまず中野を行政処分で取り調べ、東條暗殺のクーデターの罪をかぶせる、さもなくば造言蜚語の国政変乱罪で処置できると考え、議会への登院阻止を企図した。東京地検では、憲兵隊で自白した以上、検事局が政治勢力に圧迫されて左右されたという誤解を後世に残さぬよう、公正に取り調べなければならない。松阪は司法権が犯されないことを望み、部長検事に「中村君、君やってくれるか」と、直接正剛の取り調べを担当するよう依頼した。

正剛は憲兵隊で述べた通りのことを淡々と陳述した。中村検事が作成した調書は、昭和十八(一九四三)年二月上旬、正剛の自宅で洲崎・泉の両名に、太平洋戦争における陸軍及び海軍の作戦に不一致あり、そのためガダルカナルの海戦は失敗し、数万の犠牲を出したと話したことが、陸海軍の軍事に関する造言蜚語に当たる、との内容であった。陸海軍の不一致は御前会議で天皇が心配して念を押された問題で、すでに関係者に流布されていて造言蜚語には当たらない。自宅で東方会員に語ったことが造言蜚語に当たるかどうか。中村検事は憲兵の政治意識の低さを感じながら、これが犯罪になるとは考えなかった。

廊下では起訴を願う警視庁特高部の者が、時々出てくる検事たちに様子を聞いていた。若手検事の大部分は、起訴前に強制処分の手続きを取ることには反対であった。最後に松阪は悲愴な面持ちで「第一線の諸君は不満であろうが、すぐ強制処分の請求をしてくれ」と断を下した。その時、検事の一人が、総長を見損なったと言って書類をたたきつける一幕があったという。

憲兵隊と検事局における聴取書は戦災で焼失して分からないが、関係者の記憶などによると、憲兵隊から回ってきた聴取書は相当分厚いもので、その中には造言蜚語のほか、東久邇宮邸で東條の施政を痛罵非難したので、「お前そんなことを言っていいのか」と宮が心配して言ったことを不敬罪にしていたという。検事局は造言蜚語だけを取り上げて「不敬罪」は問題にせず、東京地裁に強制処分の請求を行った。

宿直の東京地裁の予審判事小林健治は、二十五日午後四時、上席の予審判事から指示を受けた。検事正から、中野を不敬罪として拘留状を出してもらいたい、しかも明日が議会の開院式だから今夜中にとのことである。議会の会期中とは「召集の後、閉会の前」で、召集日の二十五日は議会の会期中に当たる。会期中に院の許諾なしに逮捕することは憲法違反になると小林は考えた。

午後八時半、検事局から六人の検事が来て拘留状を出してくれと言った。事件は何かと聞くと造言蜚語だという。上席は不敬罪と言っていたのに話が違う、請求書類を見なければ、と押し問答をしているうちに、検事局から強制処分請求書と聴取書が回付されてきた。請求の内容は、自宅において東方会員に確実な根拠なしに陸軍と海軍の作戦が不一致なため、ガダルカナルの作戦に失敗し、数万の犠牲者を出したという趣旨の言説をしたことが陸海軍刑法の造言蜚語に当たる、という至極簡単なものであった。憲兵隊の聴取書は二、三十枚に及んで不敬罪にしているが、見当違いも甚だしい。請求書類を精査した小林は、「これは事件にならない、憲法違反にもなるし、予審請求の形式的手続きからいっても欠点だらけだから却下しよう」と決意して、検事たちに引き揚げてもらった。

小林は拘留請求者である中村部長に電話した。二人の間で法解釈をめぐり議論が行われた。明治憲法下で議会開会中に議員を裁判にかけた先例はない。院の許諾を得るのも、検事局なのか拘留状の請求を受けた裁判所がやるのかも明瞭ではない。予審判事は宿直の小林ただ一人である。上司に相談して累を及ぼしてもと思い、小林は自己の信念と責任のもとに決断した。

午後十一時、再び検事二人が小林判事を訪ねて来た。文献を持ち込み、召集日は会期に含まれていないから拘留状を出せ、との強談判《こわだんぱん》である。小林は「君たちの政治知識にも困ったものだ。憲法によれば造言蜚語で代議士は拘留できないのだ。殊に議会の許諾も求めていないではないか。のみならず召集日を会期中と認定すれば、当然今夜即刻中野を釈放すべきだ」と言下に答えた。すると、両検事は反論はおろかワーッと歓声あげ、喜びの表情を満面にして引きあげていった。

小林は強制処分請求拒否の通知書を作成し、午後十一時五十分、中村部長検事に手渡した。

この夜、首相官邸・内務省・司法省・警視庁・憲兵隊の首脳たちは、固唾を呑んで検事局と裁判所の動向を見守っていたが、ついに毅然たる一判事の信念に敗れた。この時、小林判事の命で通知書を作成した本間武は、戦後「毎日新聞」に「小林判事は孤立無援の中で、検事局や司法省の係官多数を相手にただ一人で応酬し、先例にない拒否処分を曲げなかった。私は当夜の小林判事の信念に、いまもって敬服の念を禁じ得ないのです。あの狂乱の時代にも、児島惟謙《これかた》の伝統は脈々として裁判所に流れていたのです」と語っている。

中村検事は、中野に対して正式に釈放する旨を言い渡した。正剛は検事局から秋雨の中をステッキをつきながら、係官に付き添われて警視庁まで歩いて帰った。

中野釈放と聞いて東條政府は地団駄踏んだ。明二十六日は議会が開会される。政界人は中野の検挙を知っている。もし中野が登院したらどうなるか。ただでは済むまい。政治的検挙の失敗が暴露されるだろう。その収拾は容易でない。指示を受けた警視庁は、中野を絶対に議会に出席させぬようにと増田警部に意を含めた。

増田警部が「先生、明日から議会ですが、御出席なさらぬように願えませんか」と言うと、正剛は素直に承諾した。誓約書を書いてくれとの言にも直ちに応諾した。警視庁はそれでもなお不安なため、「自宅に電話が通じないし、今夜は遅くなったから泊まっていただけませんか」と増田警部に伝えさせた。正剛は増田警部と共に宿直室に泊まった。

電話が通じないとは全くの虚言で、警視庁は釈放決定と聞き、直ちに自宅に連絡をさせていた。それが上からの指示によって朝まで留めておくように豹変したのである。

正剛の留守宅では代々木署から今夜帰宅するとの電話を受けていたので、家人は愁眉を開き、風呂を沸かして待っていた。運転手や猶興居生も、終夜、門を開いて帰宅を待っていたが、ついに正剛は帰ってこなかった。

明けて二十六日、議会開院式である。まだ明け切らぬ午前五時ごろ、首相秘書官の赤松から国務相の大麻に電話がかかった。「総理の車を廻すから首相官邸に出向いてもらいたい」とのことである。大麻は、行政検束のまま中野拘留の強硬策に出たから、議会が騒がぬように頼まれるのではないかと懸念しながら駆けつけた。官邸には東條のほか星野書記官長や四方東京憲兵隊長らの側近が揃っていた。東條は開口一番、「起訴は間に合いませんでした、私がこの場で裁断します。中野を出します。私が中野に負けました」と言った。

午前六時、警視庁で一夜を明かした正剛は、増田警部から「これから帰っていただきます」と言われて部屋を出た。増田に見送られて警視庁の玄関を出ると、停まっていた自動車のドアが開き、「やあ中野さん、しばらくでした。さあどうぞ」と言って愛想よく招く者がいる。正剛は誰か分からず怪訝《けげん》な表情でその車に乗り込んだ。その男は私服の四方で、車は正剛を自宅に送らず、そのまま九段下の憲兵隊に向かった。

再度、憲兵隊でどんな取り調べがあったのか、今なお不明である。

同日、憲兵曹長の国生輝男は出先から呼び戻され、帰宅する正剛の監視係を命じられた。国生が四方の応接室に入ると、そこに正剛がいた。四方は「釈放中は外部との連絡、面会はやめてもらう。その代わり新潟での造言蜚語は大したことはないので起訴しない。ただ国生を付けるから行動をともにしてほしい」と言った。

午後二時ごろ、国生と正剛は司令官二号車に乗って、東京憲兵隊の裏門を出て代々木の中野邸に向かった。途中、正剛が「皇居を遙拝したい、宮城正面につけてくれ」と言ったが、皇居はどこからでも拝めると拒絶された。「あとで考えるとすでに中野さんは死を決心して、最後の遙拝をしたかったのでしょう」と国生は言っている。

従容たる最後（昭和十八－二十年）

断十二時

昭和十八（一九四三）年十月二十六日午後二時五分、憲兵隊の車が中野邸に着いた。家には母トラと四男泰雄、猶興居の学生三名、運転手、手伝い二人（すず、千鶴）が待っていた。帰宅後の正剛の様子は、泰雄の著書『政治家中野正剛』によると、およそ次の通りである。

正剛は出迎える猶興居生を憲兵に引き合わせて、母と一緒にまっすぐ奥の部屋に入った。顔色はよく、いくらか疲れた様子であったが、元気は衰えていないと泰雄は感じた。

「議会の会期中三日の間、憲兵が護衛しているけれども、事件は終わったので心配はない」。そう言って、正剛は一緒に来た憲兵を家中の者に紹介した。

正剛と泰雄は憲兵と座をともにして茶を啜《すす》りながら話した。

「泰雄、年をとっていろいろ係累が出来ると命が惜しくなるそうだが、若いお前たちの年頃では命なんか惜しくなかろうね」

「人間は情熱があれば死ねるけれども、年老いて情熱が枯れて来ると命が惜しくなり、その点若い者の方が楽に死ねる」と泰雄は答えた。

ガダルカナル、アッツの玉砕以来、死の問題をしばしば話し合ってきたので、泰雄は今更らしく変だと思ったが、憲兵に聞かせるためだろうと思って怪しまなかった。偉い人たちが無能であ

東京都渋谷区代々木本町の中野正剛邸（中野泰雄氏提供）

るのに戦果を収め得たのは、若い勇士たちが潔く命を国に捧げるからと正剛はよく言っていた。

「西郷さんが死んだのは何歳の時だったかね」。泰雄は五十四歳（実際は五十一）だったと思うと答えた。「五十四であれだけのことをやったのだから、人間は五十まで生きれば十分だね」と言うので、「人生五十年と言うから、五十までになんにも出来ないようでは駄目だ」と泰雄は答えた。すると「今は南洲翁より四歳の年長であり、これからしっかりせねばならぬ、しっかりしたことをやってみせよう」と言った。

「泰雄もこの十一月一日に徴兵検査だが、兵科は何が一番よいだろうか」と正剛が憲兵に問うたところ、自分は憲兵がよいと思っているが経理などがよいのではないでしょうかとの答えに、「戦場に出るような兵科でなくては駄目だ」と言った。また、「軍隊生活から何か得るとこ

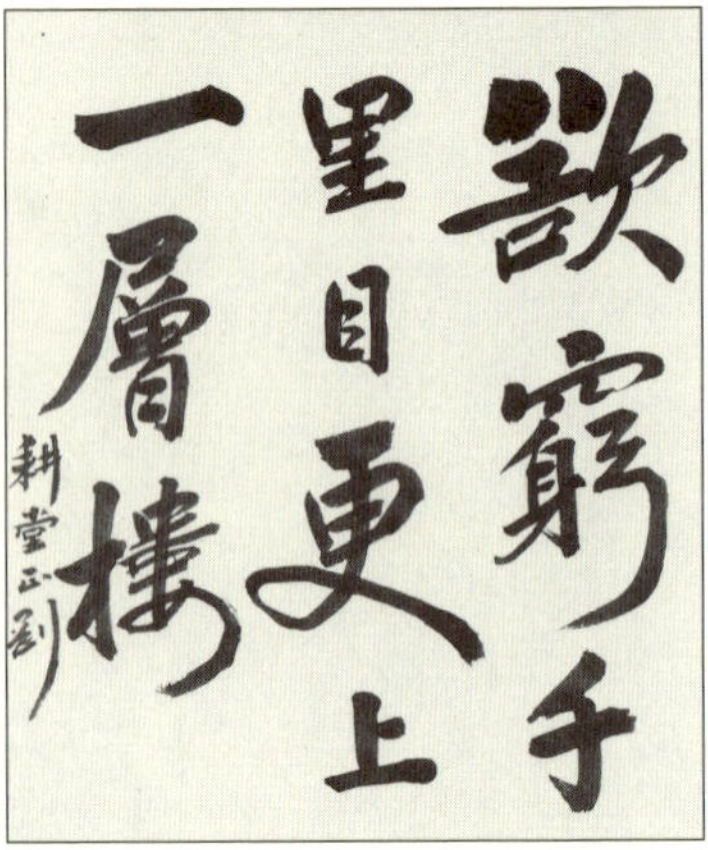

入営記念の遺墨（中野泰雄氏提供）

ろがあるかね」との問いに、軍隊生活は人間をきっちり型にはめてくれますからよいです、と憲兵が答えると、「人間は一度型に入ってからまた型を破らねば本物にはならない」と言った。

一時間ほど雑談の後、正剛は風呂に入って鬚を剃り、寒いからといって紋付羽織を着た。疲れているからと二十分ほど横臥した。その後、一本だけ家に残されていた刀が母の居間の床の間にあるのを見つけ、久し振りに刀が見たいから儂《わし》の部屋に運んでおいてくれと手伝いのすずに言った。また、正剛の居間に掛けていたムッソリーニの署名入りの写真と、ドイツ大使館から贈られた等身大のヒトラーの油絵を学生に外させてから、二階の書斎に上がって行った。

午後五時ごろ、隣の自室で読書をしていた泰雄は呼ばれて正剛の書斎に入った。「字を書いたが、この字はどうや」と問われた。平常の筆勢がなく父らしからぬ字に思われたので、余りうまくないと答えた。「よし」と言って再び筆を執り、色紙に「欲窮千里目　更上一層楼」を二枚書き、「入営記念にやる。もう一枚は達彦（入営中）にやってくれ」と言った。入営までにはまだ間があるのにと泰雄は不思議に思った。

この間、食事の準備ができたと学生が知らせたので、憲兵は先に書斎を出て下に降りていった。初めて二人だけになったので、泰雄は本当に三日間で憲兵が帰り、事件は終結したのかと尋ねた。「うむ」と正剛はただうなずくだけであった。泰雄は重ねて、事件の原因は東條がいわゆる戦刑法を振りかざした謀略ではないかと尋ねた。すると、「今度はこっちの勝ちだ。東條が色々な謀略で来たが、次々に破って、もうこっちのものだ」、正剛はそう言って立ち上がり、階下の食堂へ降りていった。

食堂には親類縁者が集まり、夕食は正剛ファンの柏楊軒の好意で焼そばなどが準備されていた。久し振りに話が弾み、七十八歳の老母はしきりに「正剛《まさたか》、正剛」と話しかけた。食後、「泰雄、向こうにいる時、近頃は戦局がよくなったというが、新聞に出ているかね」と言ったので、そんな記事は少しもなく、国内がこんな状況では勝つはずがないと答えた。平常なら何か言うところだがと泰雄は思ったが、正剛は黙っていた。ただ徴兵検査の日を尋ねて、「戦争が勝つにしろ負けるにしろ、これ

書斎にて（玄洋社記念館提供）

からの若い者はしっかりせねばならぬ。お前たちはお前たちでやっていけるだろうから、警視庁でも心配しなかった。ただ一つ心配なのは母のことである」と言った。

「疲れているから今晩は早く寝たい。お前も十時ごろまでには寝ろ」と泰雄に言い、母には「久し振りで寝ながら新聞や雑誌に眼を通すから、遅くまで電灯がついていても心配せぬように」と言って座を立ち、親類縁者を見回して二階の書斎に上がっていった。

正剛は書斎で書きものをしながら、時折憲兵（夕方から一人加わる）と雑談を交わしていた。九時ごろ憲兵に寝るように言い、階下の客間に憲兵二人を休ませて、また書斎に上がった。近くで足音がして泰雄の書斎の戸が開いた。「何を読んどるとや」、泰雄は「ゴットル」とぶっきらぼうに返事をした。「今夜は早く寝やい」、そう言ってまた階段を降りていった。いつにないことで、「警視庁へ行ってヤキが回ったかな」と泰雄は思った。足音は階下の母の居間で消えた。再び足音が始まり、憲兵の寝ている客間で止まった。「もう電灯を消して寝ろよ」と憲兵に声をかけ、正剛はその隣にある自分の居間に入った。

この日、家人、親戚の皆は代々木署の通知で徹夜で正剛の帰宅を待ちあぐんでいたので、疲れと安堵で早く休んだ。泰雄も父が階下に降りてから床に入り、すぐに眠り込んだ。

翌朝、正剛の変わり果てた姿を発見したのは、掃除に入った手伝いのすずである。一瞬悲鳴を上げたが、机上の書置きの上に「仏壇の書置き、人手に渡すな」とあるのを見て、咄嗟にその書置きと仏壇の遺書を持ち、飛んできた千鶴と一緒に二階の泰雄の部屋へ駆け上がった。「旦那様が大変です」。泣きながら書置きと遺書を差し出した。泰雄は不覚を恥じ、「脳天を中から突き上げられた」思いで自刃を察し得なかった自分の愚かさを悔いた。受け取った書置きの間から名刺がこぼれ落ち、裏には「断十二時」と書かれていた。

割腹自刃の時は昭和十八年十月二十七日午前零時、「蒼白い顔色、固く閉じた眼、前歯を少し出して微笑んだような口、何か光明に照らされたような明るい死顔で」、「血の着いた懐中時計はなおも時を刻み、机上の大楠公は馬を駆け、赤い鮮血は流れて畳半畳にしみ込んでいた。この光景を見守っていたのは白い電灯の光のみで、肘掛の上には、左手形がクッキリと残っていた」と泰雄はその場を描写している。二人の憲兵は「昨夜の御様子でお察ししてはいたのですが……」と言い、「お大事に」と言って去った。

自決を物語る椅子（中野泰雄氏提供）

朝日新聞は二十七日の夕刊で「中野正剛氏自殺、昨夜日本刀で割腹」との二段見出しで報じた。死因や葬儀の日取りなどは当局の制限で書かれていない。残されたものは遺書と書置きのみで、詳細は何も伝えていない。

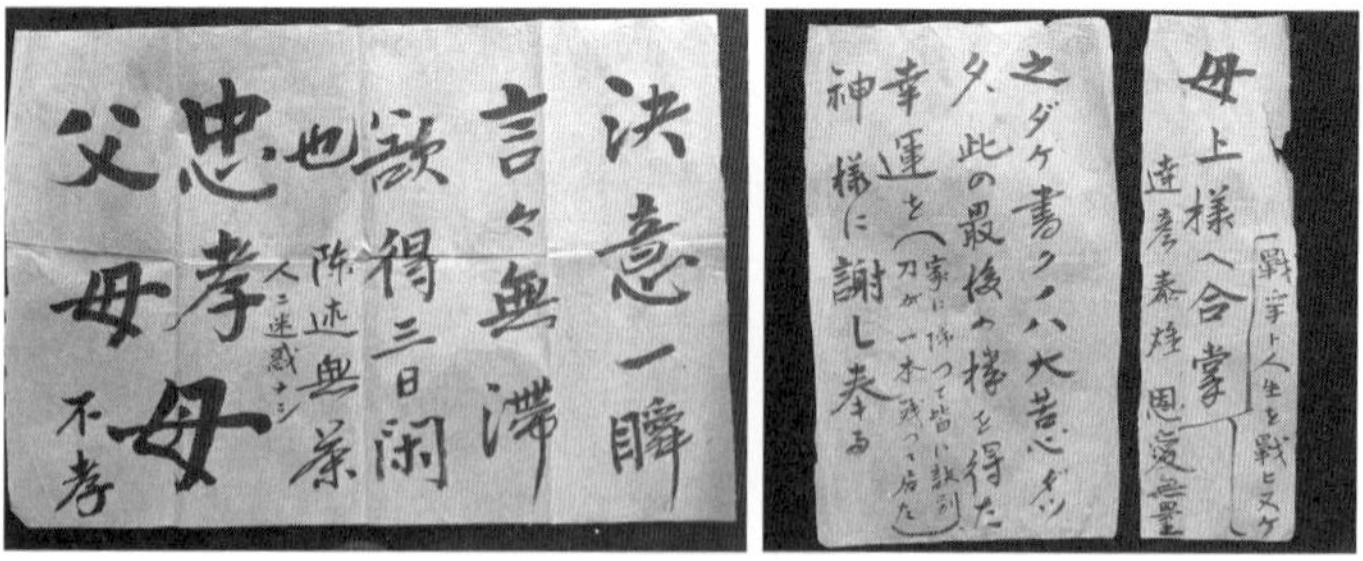

中野正剛の書置き（中野泰雄氏提供）

遺書は「皇軍万万歳、魂魄躍動皇国を護る」。書置きには「決意一瞬、言々無滞、欲得三日閑也、陳述無茶、人ニ迷惑ナシ」、「刀の切先が丸くて切れそうにない、時計の側でネタ刃を合せたが駄目、そこで腹の方は軽くまねかたにして仕損じぬようにやる。東向九拝　平静にして余裕綽々、自笑、俺は日本を見乍ら成仏する。悲しんで下さるな」と書いているだけである。

この他、「頭山、三宅、徳富」と列記した一片、盟友諸君と書いた一片、「東方会、猶興居、感慨無窮」と記した一片、その他親類家族への別離の辞が数片あり、後に書斎の引き出しの中で発見された一枚には、何かの経文が書かれ、その文意に自決の心境を託したものと思われる。一片には「父上、民子、克明、雄志」と先立った者の名前を記し、「清い心で御目にカカル」。この世の家族へは「母上様へ合掌　達彦　泰雄　恩愛無量　戦争ト人生ヲ戦イ抜ケ」。その他「泰介、秀人、緒方叔父サン、進藤兄サン、永田夫妻」への一片、「遊佐サン、阿部サン、愛馬の処分タノム」の一片、「運転手、馬丁、女中、不愍《ふびん》をかけよ、お世話になりました」の一片があり、それぞれに感謝と訣別の意が込められてい

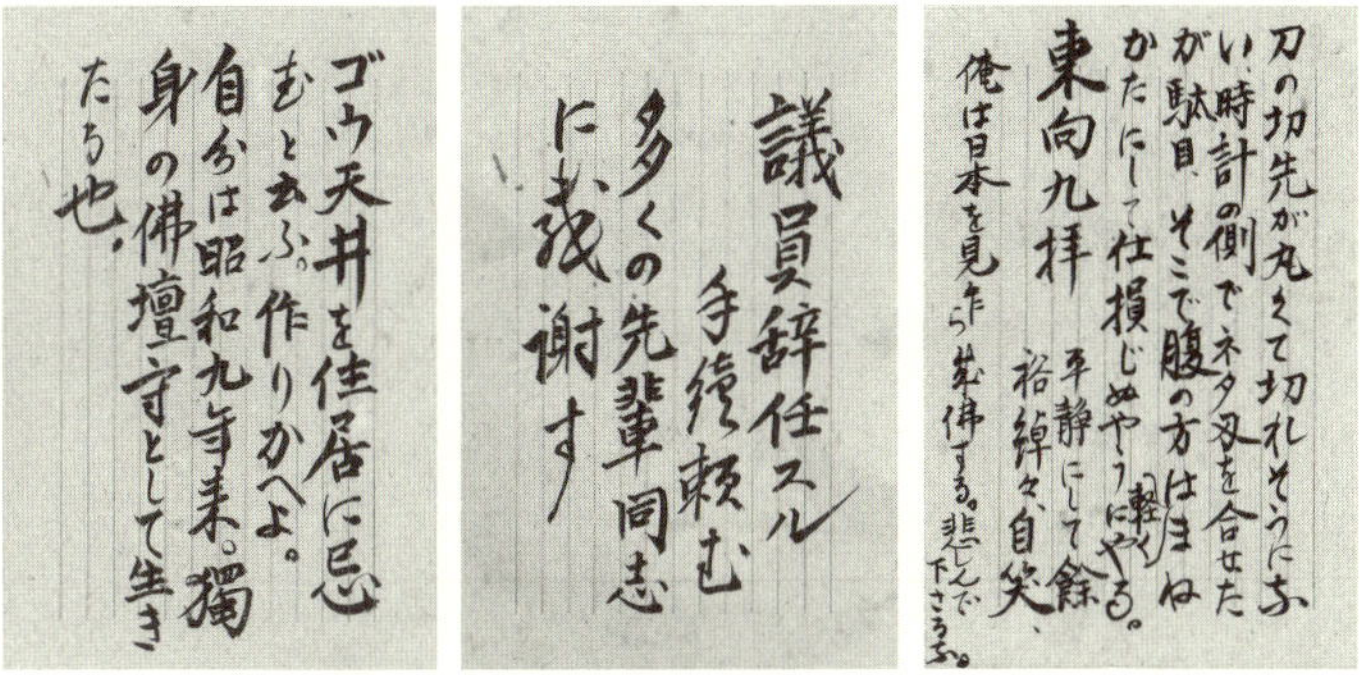

刀の切先が丸くて切れそうにない、時計の側でネタ刃を合せたが駄目、そこで腹の方はまねかたにして仕損じぬやうに軽くやる。
東向九拝
平静にして余裕綽々、自笑
俺は日本を見乍ら成仏する。悲しんで下さるな。

議員辞任スル
手続頼む
多くの先輩同志に感謝す

ゴウ天井を住居に忌むと云ふ。作りかへよ。自分は昭和九年来。独身の佛壇守として生きたる也。

中野正剛の書置き（中野泰雄氏提供）

た。「之ダケ書クノハ大苦心ダッタ、此の最後の機を得た幸運を（家に帰って皆に訣別、刀が一本残って居た）神様に謝し奉る」と書き、計十三片が「護国頭山先生」と首書された封筒に入れられていた。

机上の書置きは原稿紙に、「仏壇の書置き、人手に渡すな、頭山先生に頼む」とあり、二枚目に「議員辞任スル手続頼む、多くの先輩同志に感謝す」、三枚目に「ゴウ（格）天井を住居に忌むと云う。作りかえよ。自分は昭和九年来、独身の仏壇守として生きたる也」と書かれていた。肘掛けの上には左の血手形を残し、右手は軍刀をしっかり握ったままであった。前田友助博士の検死によれば、傷口は深さ四、五センチに及んでいたそうである。

切腹の作法は中学のころから心得ていたが、隣間の憲兵に気づかれぬよう、「余裕綽々」の自刃は常人にとって至難の業である。いかなる思念が自刃を決断させたのであろうか。

憲兵隊での十六時間

憲兵隊の拘束は、十月二十五日午前四時半に警視庁の留置場から連行された後の約八時間と、二十六日午前六時に警視庁を釈放されてから午後二時自宅に帰る前までの約八時間の計十六時間。この間憲兵隊で何があったか。二十五日の取り調べに当たった憲兵中尉大西和男と、二十六日釈放後に正剛を連行した東京憲兵隊長四方諒二の二人は、終戦後もともに口を開かなかった。四方の後任として東京憲兵隊長に就任した大谷敬二郎は、大西中尉に二十五日の取り調べの模様を尋ねた。

「中野は反東條の有力な存在として東條に睨まれていた。当初警視庁に勾引され、東條の厳命で捜査してみたが、なかなかモノにならない。辛抱し切れなくなった東條は、四方に厳重な取り調べをせよと命じた。否応はない絶対の命令である。二十六日に四方がどんなことを調べたのか、どんな内容をつかんだか私は知らない」と大西は答えた。大谷はさらに尋ねた。「なぜ中野は死んだのだろうか、何か思い当たることはなかったか」。

「自分は反軍的人物だといわれている、だとするとこのおやじは軍にたてつく反軍者で入隊した子（三男達彦）はこのおやじのために肩身が狭いことだろう。おやじのためにいつも小さくなっていなくてはならぬ息子が可愛想だと思い悩んだのだろう、と取調中に感じました」。それが大西の答えであった。

取り調べ中、脅迫・報復をちらつかせるのは憲兵や特高の常套手段である。大西は二十五日十二時の刻限までに正剛を自白させせよと強要されていたので、達彦と学徒出陣間近な泰雄の二人を生還の見込みのない前線に送るぞ、と脅迫したのであろうと大谷は察した。

報復はほかにも及んだ。中村検事は取り調べ方が東條の意に沿わなかったとして四十五歳で、重臣工作に関連した松前重義は四十四歳で、ともに「指名召集」を受けた。大谷は、東條がひそかに中野の処置を四方にまかせながら、「私が負けました」と言ったことを「立派な演技」と言い、「東條の恐怖政治、東條憲兵のあくなき強権発動であった」と回顧している（『昭和憲兵史』）。

昭和十九（一九四四）年七月、東條内閣が総辞職した後、四方は後任の大谷に「おれも長いことここにいたが、やるだけのことはやった。もうこの内地に思い残すことはない。先日も東條大将のところに挨拶に行ったが、大将もおれは憲兵を使いすぎた、と言っていた」と語った。四方は感情が強く、特に愛憎の念がハッキリしすぎて、憎めばトコトンまで憎む、この点東條と通ずるものがある、と大谷は同書で述べている。

四方が取り調べ中、どんなことを言ったかは分からないが、ある時、四方は酒に酔った上で「中野を殺したのはおれだ」と言っている（『細川日記』）。大西中尉から取り調べを受けたという尾崎士郎は、「中野の受けた屈辱がいかに堪え難いものであったか、四方が『中野を殺したのはおれだ』と言った言葉には、信をおいてもいいと思う」と言う。重臣工作をともにした三田村も、東條の憲兵政治は悪辣無比で目的のためには手段を選ばず、東條が一番嫌いで最も恐れていた中野正剛を憲兵が葬ろうとしたことは当然だと認めている。しかし「憲兵の恫喝にあって自殺を決意したのでは絶対ない」と言って、以前、内務省警保局に勤務した自分の経験から、「決意一瞬、言々無滞、欲得三日閑也、陳述無茶、人ニ迷惑ナシ」の遺書の文言を次のように推理している。

決意一瞬は先づこうだ。大西中尉かあるいはなんとか中佐から、

「中野さん、本当のことを話して下さい。今日から議会が召集されていますから、今日中に調べを終り、明日から議会に出られるよう帰っていただきます」

本人に犯罪の自意識がない場合に取調官はよくこの手を用いる。そこで中野さんの決意は一瞬に決まった。「よし、どうせ何も知らない相手だから話のつじつまを合わせてデタラメをしゃべってやろう。調書だけつくればこの臨時議会中は帰すに違いない。自宅に帰れば自決する機会がある」。そこで言々滞りなく「陳述無茶、人に迷惑なし」となり、「欲して得たり三日の閑」即ち「憲兵を付けてやりますが三日間自宅に帰ってよろしい」ということになった。

（『中野正剛は何故自刃したか！』）

正剛の乗馬の指導をしていた遊佐少将は「名馬は癖が強くて駄馬と長く一緒にしておくと憤死する。中野君は人間中の駿馬だから、不浄人を長く相手にするのに堪えなかったのであろう」と

言った。ある右翼雑誌は「憂国の至情に至りては何人も之を疑わず、氏がやむを得ざるものありて自殺を決意し、その方法として切腹を選びたるは、その純情を証して余りあり」と書いた。東久邇宮は「日本の現状がこのようになったのは、軍部だけの責任ではなく、自分たち代議士にも責任があるといっていた。何とか自分たちの力で、日本の現状を打開しなくてはならないのに、それができない。自己の責任を痛感したあまり、死を決したと私は推測する」と言っている。

戦後、ＮＨＫはＧＨＱが占領政策の一環として放送したラジオ番組「真相箱」の中で、「中野氏の自決に関する真相を聞かせて」との質問に答え、大略次のように説明している。

――東條は無謀極まる男であったが、心の中は明らかに中野の指導的才能に恐れを抱き、断じて釈放すまいと考えていた。中野も到底これに屈服するような人物ではなかったので、東條は最後通牒で「お前は武士だ、故に武士らしく自決の機会を与える。もしお前が自分で身の始末をつけないなら、我々で適当に片付けるまでだ」と二者択一を迫り、中野は自邸で自決されたのであります。――

東條の最後通牒が真相であったとしても、選択を迫られ脅迫されて自決を決意するような正剛ではない。「千万人といえども吾往かん」の信念と「殉難の精神」は、中学時代から培ってきた正剛思想の根幹である。以来、陽明学徒として知行合一、言行一致、理気一元の生き方を貫いてきただけに、人間としての誇りと自尊心・自負心も人一倍強い。その矜恃と反骨精神が佞臣たる憲兵隊の屈辱的取り調べの段階で自決を決意させたのであろう。

東條政権がこのまま続けば日本に未来はない。無気力な重臣や政治家では日本は変わらぬ。ガダルカナル島で餓死し、アッツ島で玉砕した兵士や、苦難に耐え営々と働いている国民の悲運をどうしても看過することができなかったのである。割腹自刃は大義への悲願と武士道的抗議であり、遺書の「魂魄躍動皇国を護る」は、死しても止まぬ憂国の至情を彼岸に託したものにほかならない。自刃の十月二十七日は奇しくも吉田松陰の命日で、この日は振東塾で松陰の講義をする予定であった。

政府・議会の対応

正剛自決の同日、定例閣議があった。席上、東條は国務大臣の大麻に「中野が自決しましたよ。出しておいてよかったです。もし憲兵隊か警視庁で自殺されたんだったら大変でした。内閣がいくらあっても足りませんでした。やっぱり法律にしたがって帰宅させてよかったです」と言った。閣議の後、書記官長の星野直樹は東方会の本領信治郎代議士を呼んで、生前いかに争っても死んでしまえば恩讐は消える、葬儀には総理から金と花環を贈りたいと言った。本領は、金は断り供物についてでは相談してみようと答えて、葬儀委員長の緒方竹虎に伝えた。緒方は「厚意あるお供えなら何人のお供えも受けるが、あらかじめ受けるか受けぬか聞くことがおかしいじゃないか」と言った。東條から供物は届かなかった。

十月二十八日、臨時議会は弔辞を呈することを決議した。これに先立ち、勝《かつ》正憲議員が中野哀悼の演説を行った。

「天成の雄弁広辞大いに一世を警策せられたることは世人のよく知るところであります。惟《おも》うに君が政界に馳駆《ちく》せらるるや、在朝と在野とを問わず、常に剛直果断、不屈の闘魂と卓越したる抱負経綸とに依り、常に熱烈事に当りまして、其の所信に対し毅然として邁進せられたる態度は吾人の深く敬意を表する所であります」

東條礼讃の「翼賛議員による死せる議会」において、珍しくも勝議員の賞詞に対し盛んに拍手が沸き起こった。東條は大臣席で青白く強張った顔で聞いていたというが、正剛の自決をどう考えていたのであろうか。

緒方は葬儀委員長になった時、葬儀が盛儀であったならば東條政府に勝ったことになるのだと考えた。「政府も無論それを知るが故に、凡《あ》らゆる方法で会葬者を少からしめようとした。先ず新聞記事の取扱いを制限した。東方会員の弔問会葬のため上京する者を地方各駅で検束した。中野自刃の裏には不敬事件があるなど放送した。軍人は勿論、都下の学生団体にも、警察官を通じて、会葬を禁止する旨伝えた。中野を殺した返り血を浴びて怖気《おじけ》をふるった形である。葬儀委員長たる私に対しても、いろんな厭がらせを行い、何処までも個人たる中野正剛の葬儀にして呉れと、代々木署長らの辞を尽した懇請であった。『中野は東方会だけの中野でなく、私も東方会員でないから葬儀は無論個人中野正剛の葬儀だ』と答えてやった」(『人間中野正剛』)。

青山祭場へ向かう（中野泰雄氏提供）

葬儀は昭和十八（一九四三）年十月三十一日午後、青山斎場で行われた。秋晴れのこの日、正剛の愛馬「天鼓」に天野正勝少年（辰夫の子息）が騎乗して先導する馬車と自動車の長い葬列は、沿道の人々の目送に応えながら神宮参道から外苑を迂回して青山斎場に向かった。死因の発表と参列には圧迫が加えられ、乗り物も不自由であったが、参列者は大臣、重臣、議会人、官吏、新聞社関係、労働者、浪人、学生等々、無慮二万人に及んだ。延々と続く焼香の列に、緒方は「中野、貴様、死んで東條に勝ったぞ」とつぶやきながら頬を濡らしていた（江頭光『雲峰閑話』）。

弔辞は尾崎咢堂をはじめ三十数名から寄せられた。しかし、当局は式場で発表することを一切禁止した。蘇峰は秘書を東條と安藤内相のもとにやり、情理を尽くして説得させ

弔辞を述べる徳富蘇峰（中野泰雄氏提供）

た。その結果、ようやく蘇峰一人だけが弔辞を述べることを許された。

蘇峰は冒頭「平時に於きましては、若い者が老人を弔います。戦時に於きましては、それが反対になります」と言って弔辞を述べた。

　唯私共老人は、故人に対して、如何にも惜しき人を我がお国が喪った。お国の為に残して置けば、今後幾何《いくばく》の御奉公が出来る才力、知能の凡ゆる資格を持った人を喪った――ということを心から悲しむのみであります（略）

　故人は一度口を開けば直ちに大衆の心を摑むだけの力があり、また一度筆を執れば、輿論を奮起せしむるだけの腕がありました。その議論は必ずしも他の人と違ってはおらないけれども、一度故人の口を藉《か》り、筆をかりれば、生気潑剌、火の如き熱心をもって、直ちに世論を動かすという大いなる力を持っておったのであります。而してその志は常に天下にあったのでありまして、（略）その動機は全く愛国の熱誠より迸り出でたということだけは、誰もそれに対して異存を申す人は無いと私は信ずるものであります。

（猪俣敬太郎『中野正剛の生涯』）

蘇峰の弔辞は率直な表現を憚り、多くは言外の余韻に託さねばならなかったというが、それがひとしお参列者の涙を誘ったという。諸名士の会葬は引きも切らず、「朝日新聞」は「故中野氏の政治的生涯を飾るにふさわしい葬儀であった」と報じた。

五カ月後の昭和十九年三月二十七日、福岡の菩提所正法寺で分骨式が行われた。この時、頭山の誄詞《るいし》を柴田文城が代読した（この年頭山死去、亨年九十歳）。

儂は親しく其の悲壮の最期の姿を見た。古武士も及ばぬその最期に誰か恩讐を超えて感嘆せざるものがあろうか。儂は君の無言の遺言を確かに感得した。（略）

君の雄弁、君の健筆が衆を魅するの力あるは万人の認むる所、しかして其の雄弁の、其の健筆の衆を魅する所以のものは、君の此の最後の一断の精神の発露であることを識らざるものも有った様だ。（略）

昨秋、君が溘去《こうきょ》するや、儂の処に挨拶に来た者の内には、「私は是迄中野君を誤解して居ました。今日は懺悔に参りました」と儂に詫びた者さえも少くなかった様じゃ。当時葬儀に参ったものの内には此んな人が随分多かった様に聞いた。然うであったろう。（同前書）

終わりに、頭山は「あげつらう世の言の葉を余処にして死出の山路に突き進みけり」との歌を添え、「何時かは君の澐去の徒爾《とじ》偶然ならざるを識らるる時があろう」と結んで、正剛の死を悼んだ。従容たる自刃が正剛の信念と言動一致の真実と至誠を物語り、万人の感動と感涙を誘った。

東條内閣倒壊

重臣工作が失敗に終わった昭和十八（一九四三）年八月ごろ、重臣にはまだ正剛ほどの危機感はなかった。それから約半年、戦局の窮迫を目前にして、ようやく重臣や有識者の間に倒閣の気運が高じてきた。昭和十九年二月、北上する米軍がマーシャル諸島に上陸、クェゼリン・ルオット両島の守備隊が玉砕して「絶対国防圏」の一角が破られ、本土への危機が迫った。

議会でも、東條の親衛隊的翼賛政治会内部で東條への反感が表面化してきた。各大臣の無能ぶりを責め、東條の言いなりになる嶋田海相への辞職要求が出された。東條は一時総辞職を考えたが、逆に行政・統帥の両面に独裁権限を拡大させ、陸相・軍需相のほかに参謀総長を兼任し、嶋田海相にも軍令部総長を兼任させるという前代未聞の人事を行った。しかも国民生活がますます窮乏する中、反戦・反軍分子に対する取り締まりだけは一層強化した。

三月六日、東京帝大教授平泉澄博士は東久邇宮邸を訪れ、「外交においては何も策がない。国内問題はほとんど極限にまで悪化し、このままにしておけば、いつ一大不祥事が起るかも知れない。皇族がこのさい奮起することを要望する」と進言した。東久邇宮は四月十一日に近衛と会い、「東條内閣はもうやめるべきだと意見一致す」と日記に書いた。

六月十五日、米軍七万余が日本本土空爆の要衝となるマリアナ諸島のサイパン島に上陸した。日本海軍はマリアナ沖海戦を挑んだが、レーダーなどの新兵器を装備した米大機動部隊によって大敗北を喫した。六月二十三日に東久邇宮を訪ねた東條は、マリアナ海戦失敗後の作戦方針を話した後、「戦争の前途も不利となり、内閣も行詰ってきたから、自分はやめようと思う」と言った。「だから私は、はじめから戦争をやってはだめだ、といったではないか。しかし今となってやめるというのは、無責任きわまる。やめてもいいが、戦争の後始末をどうする考えなのか、講和をするのか、いちおう善後策を立ててからおやめなさい」と答えた。しかし、東條は何の考えも持っていなかった。

陸海軍約四万人いたサイパン島の日本軍は、圧倒的な火力に敗れて島の北部に追い詰められた。七月六日、斎藤義次、南雲《なぐも》忠一、高木武雄の老中将は、管轄の将兵に最後の総攻撃を命じて自決した。翌七日、約三千名の将兵は「バンザイ突撃」を敢行して玉砕した。北端の岬にいた兵士と約四千名の邦人も、「生きて虜囚の辱めを受くる勿れ」との教えを守って手榴弾で自決し、女性は断崖から身を投げて命を絶った。幼児を抱いて飛び下りる姿を見たアメリカ兵は、ただ銃を握りしめて凝然とその場に立ちすくんだという。平成十七年六月二十八日、平成天皇・皇后が慰霊に訪れたのは、その断崖である。

こうして日本の「絶対国防圏」は崩壊し、B29の拠点となった。一方、同年三月八日に開始されたインパール作戦は、兵力八万六千人を投入しながら、「一発の弾丸も一粒の米も補給されない」無謀な戦いとなり、ようやく七月三日に作戦を中止した。戦傷病・餓死者七万有余の大損害を出し、退却路は「白骨街道」と称される凄惨さとなった。

インパール作戦中止直後、東條は兼任していた参謀総長をやめ、嶋田海相にも軍令部総長をやめさせて内閣改造を画策した。だが、改造計画は東條の予期に反した。

七月十八日午前九時四十分、中川良長が東久邇宮邸に訪れて報告した。

「昨夜、平沼騏一郎邸に近衛公をはじめ、岡田啓介、若槻礼次郎、広田弘毅、米内光政、阿部信行の各重臣が集まり、東条内閣の弾劾を決議し、今朝、木戸内大臣の手を経て、陛下の御手許に差上げるはずである。（略）木戸内大臣は陛下の御下問に対し、この決議が至当なることを申し上げ、もし陛下が御採用にならなければ、内大臣を辞職する決心である」

続いて午後五時、若松華瑶が東久邇宮邸に来てその経過を伝えた。

「重臣一同は、昨日中に結束して、東条内閣の改造工作に対し、入閣を勧められても断わることを決定した。東条はこれを知らないで、二、三の大臣を使として広田弘毅、米内光政に入閣の交渉をしたが、みんな断わられた。一方、内閣改造にあたり、岸信介商工大臣は東条総理の辞職勧告をききいれず、岸の策動で東条内閣はついに昨夜総辞職を決意し、本日昼、辞表を陛下の御手許に奉呈した」(『東久邇日記』)。

こうして東條内閣は瓦解した。前年八月の重臣工作の際、東條に情報を漏らした木戸も、今回は東條の弾劾に廻り、正剛の死後一年を経過して、東條打倒は実現した。重臣工作の幹事役であった岡田は「東條を退陣させて、国難に新局面を開こうと決心してから一年余りかかったことになる」と回顧録に記している。

ようやく東條を倒した重臣たちであったが、七月十八日の首班選定会議で和平を唱える者は一人もなく、依然として「戦争完遂を第一目的」に、小磯国昭陸軍大将を推挙した。

東久邇宮は小磯内閣の情報局総裁になった緒方竹虎と会い、対ソ親善外交と対重慶工作による難局乗り切り策を話し合った。政府は対ソ使節を考慮したが人選で折り合わず、重慶工作一本に絞った。これもうまくいかず、結局走りの鈍い「木炭自動車」と揶揄《やゆ》される状態であった。

十月、米軍は日本と南方の遮断を図るため、フィリピンのレイテ島に上陸した。海軍はレイテ作戦に残存連合艦隊の主力を投じ、初めて「神風特別攻撃隊」を編成して捨て身の攻撃を展開したが、大艦「武蔵」とともに連合艦隊はほとんど壊滅した。残余の艦船も石油の欠乏で、その後動きがとれなくなった。

同十月、正剛の一周忌法要の翌日、多摩墓地で徳富蘇峰撰、緒方竹虎書による「留魂碑」の建碑式が行われた。碑文は「中野正剛君昭和十八年十月二十七日暁東京都渋谷ノ邸ニ自裁ス。人其ノ何故タルヲ知ル者無シ。……」。自裁の理由は厳しい言論統制で何も記されていない。真実が語れぬ時代であった。終戦後、緒方は「徳富翁の棺前演説も碑文も今読み直すといかにも物足りない。それは翁も同感であろう」と述べている。

十二月二十八日、東久邇宮は参謀本部を訪れ、防衛総司令官の見地から、梅津美治郎参謀総長に硫黄島の防備を海軍から陸軍に移し、強固な陣地を構築するよう要望した。梅津は陸海軍の間がうまくいっていないのでできないという。「陸軍とか海軍とか言っている段階ではない、本土が敵の空襲で全滅してもよいのか」とまで言ったが、現状では仕方がないと答えた。陸海軍の不仲は本土への危機が迫っても続いていた。

明けて昭和二十年一月、東久邇宮は津崎尚武《ひさたけ》代議士から、小磯は無力無能で国民は失望し議会も全くダレ気味であると聞き、クレマンソーに比すべき果断断行の政治家が出てこなければ、大和民族は滅びるのではと心配している。

二月七日からクリミア半島のヤルタで米、英、ソの三巨頭会談が行われ、戦争完遂と戦後処理などが決定され、十一日にソ連の対日参戦に関する秘密協定が署名された。この時、今なお北方領土に問題を残している千島列島の引き渡しが約定された。

二月十九日から始まった硫黄島の戦いは「地獄の二週間」と言われる過酷な戦いとなり、三月十七日、栗林忠道中将は大本営に訣別の打電をした後、二万数千の将兵とともに玉砕した。

四月一日、米軍は沖縄本島に侵攻し、その二日後に小磯内閣は総辞職した。木戸、近衛、岡田、平沼、若槻の重臣は、ようやく早期和平を策して鈴木貫太郎海軍大将を推挙した。和平策を知らなかったのは広田と東條と鈴木本人であった。

鈴木内閣とポツダム宣言

鈴木内閣は依然として「本土決戦」、「一億玉砕」を国民に説き続けた。このころ、戦艦「大和」は海上特攻の主力として沖縄に出撃したが、昭和二十（一九四五）年四月七日、鹿児島県坊ノ岬沖で米機延べ一千機の集中攻撃を受けて海底の藻くずと消えた。沖縄戦は熾烈を極め、「ひめゆり部隊」の女子学生や老幼婦女子を巻き込む凄惨な戦いとなり、六月二十三日、ラジオは沖縄軍司令官牛島満中将が最後の将兵とともに玉砕したことを伝えた。日本軍の死者十万、一般人二十万という厖大な犠牲者を出して、全島は焦土と化した。

マリアナ基地から出撃したB29は、前年十一月末の東京空襲以来、大都市をはじめ中小都市に至るまで、連日連夜、無差別爆撃によって三百万戸を焼き払い、本土だけでも六十万を超える死傷者と一千万人の罹災者を出す悲惨な状況となった。

ドイツは去る五月、無条件降服をした。日本政府は無条件降服を避けるため、日ソ中立条約の廃棄を通告してきたソ連に、中立条約の延長と講和の仲介を働きかけた。広田・マリク会談は行われたが、ソ連は去る二月のヤルタ会談で対日参戦の密約を交わし、米、英、ソによるポツダム会談の日（七月十七日－八月二日）を間近に迎えていた。

大本営は米軍の対日本土作戦に備えて、南九州など海岸線の防備を固めるかたわら、本土決戦は水際「特攻肉弾決戦」にする、との方針を六月に明らかにした。この時、筆者は水際特攻要員として呉軍港近くの情島《なさけじま》で特攻訓練を受けていた。軍港内外に被災空母や動けぬ艦船を多く見かけたが、それも七月半ばの米艦載機による波状攻撃で壊滅した。

このころ、アメリカの原爆製造計画は最終段階にあった。トルーマン大統領が原爆実験の成功を聞いたのはポツダムに着いた翌日のことである。会談を前にしてトルーマンの心が揺らいだ。これが米ソ冷戦の始まりだと言う人もいる。

七月二十六日、日本が受信したポツダム宣言は米、英、中三国の署名（ソ連は参戦と同時に参加）により、軍隊の武装解除、軍国主義の駆逐、日本領土の範囲や戦争犯罪人の処罰、日本の平和的な復興などの内容で、直ちに無条件降服を求めるものであった。外務省は、天皇について触れておらず、領土や戦争責任者の処罰は致し方がないとして受諾に一致した。しかし、外相東郷茂徳は最高戦争指導会議で「ソ連の仲介をあてに近衛の訪ソを打診し、その返事を待ってから態度を決める。それまで回答を延期すべきだ」と主張した。異論はあったが外相の意見が支持され首相も了承した。ところが翌日の新聞各紙は、軍部の要求に屈した首相の「黙殺」、「戦争完遂に邁進」の談話を発表した。それが全世界に伝わった。東郷は決定に反すると抗議したが後の祭りである。東郷はソ連との交渉に躍起となったが、駐ソ大使佐藤尚武の返電は、一日も早く宣言の受諾を勧める内容であった。その翌日の八月六日、広島に原子爆弾が投下され大惨禍となったが、降服のきっかけにはならなかった。

八月八日、佐藤駐ソ大使はクレムリンで外相モロトフから、「ポツダム宣言は日本によって拒否されたのでソ連が調停する提案も基礎を失った。連合国は戦争の早期終結のため対日戦参加を提案してきたので、義務を果たすためこれを受諾した。以上の見地からソ連政府は八月九日から日本と戦争状態に入ることを宣言する」との通告を受けた。同九日、午前零時を期してソ連軍が満州に侵入した。日系市民は九日午前五時の新京放送でこのことを知ったが、首都新京（現・長春）は思いのほか平静であった。市民は無敵の関東軍を信じ、司令部のある新京が危険にさらされようとは全く考えていなかった。

事態は一夜にして急変した。司令部は政府首脳部とともに国境に近い山岳地帯の通化《トンファ》にいち早く移動し、軍人・軍属の家族も避難列車で南満や北鮮に避難を始めた。一般市民の婦女子も乗せるというので新京駅に押し寄せたが、憲兵によって拒絶され、怒号、絶叫、狂乱の大混乱となった。関東軍は昭和十八年以降南方戦線に移動して、「万一ソ連が進出して来たら玉砕のほかはない」と言われるほど弱体化していた。百万人を超す在満日本人にとって、今や満州の大地は「太陽のない暗黒世界」と化する悲惨な現実を目前にしていた。

昭和二十年八月九日、鈴木首相は閣議で戦争継続の可否について各閣僚に意見を求めた。その最中の午前十一時二分、二度目の原子爆弾が長崎に投下された。講和か本土決戦か、七時間にわたる論議の末、国体の護持以外はすべて条件をのむべきである、という東郷外相の意見について鈴木首相が決をとった。陸相阿南惟幾《あなみこれちか》のほか二人が反対し、ほかは賛成した。閣議は午後の十時を過ぎてもなお決しかねたので、午後十二時ごろから宮中の地下室で御前会議を開いた。

東郷外相は、「原子爆弾の出現とソ連の対日参戦によって講和の方途がなくなった、この上は皇室の護持安泰のみを条件に終戦にもっていくべきである」と説明した。米内海相は同意した。阿南陸相と梅津参謀総長、豊田副武軍令部総長の三名は反対して、本土決戦にある程度勝算があると主張した。論議は決せず、鈴木首相はこの上は聖慮をもって決定したいと述べ、天皇の聖断によって「ポツダム宣言」の受諾が決められた。

翌十日、外務省は受諾の意志を海外に放送した。直ちにアメリカの反響があり、連合国側の回答を十二日に受信した。そこで再び政府と軍首脳との間で波瀾が起きた。天皇の統治権は連合国軍最高司令官の制限の下に置かれ、政府の形態は日本国民の自由に表明する意志により決定される、との内容が問題となった。陸海軍統帥部は受諾反対を決め、陸相も国体護持の見地から首相に反対を申し入れた。閣議では決まらず、翌十三日の最高戦争指導会議においても決着しなかった。この間、統帥部と陸軍省の軍務課員らは、兵力を行使して最高戦争指導会議の受諾派を沈黙させる計画を立てた。だが、梅津参謀総長の同意が得られず、兵力行使計画は中止された。

ポツダム宣言の受諾

昭和二十（一九四五）年八月十四日午前、鈴木首相は最高戦争指導会議の構成員と全閣僚合同の御前会議を召集して、再度聖断を仰ぎたいと奏上した。天皇は反対する軍首脳三人の声涙下る言上を聞いた後、ポツダム宣言受諾の意向を表明した。参謀本部編『敗戦の記録』や『証言私の昭和史』（学芸書林）などによれば、天皇の発言要旨は次のようである。

——反対の意見はよく聴いたが私の考えはこの前と変わらない。これ以上戦争を続けることは無理だと思う。今この処置をすれば多少なりとも力は残る。（以下、御涙と共に）無辜《むこ》の民を苦しめるに忍びない。どうか賛成してくれ。国民に証書を出してくれ。この際私としてなすべきことがあれば何でもいとわない。国民に呼びかけることがよければラジオ放送してよい。私はいつでもマイクの前に立つ。如何なる方法も採るから。——

出席者の間から涕泣《ていきゅう》が漏れた。阿南は崩れるようにして玉座に取りすがり「陛下！」と一言漏らしたまま言葉が継げなかったという。こうして聖断は下った。

十四日午後、閣議を開き、午後十時に鈴木首相が終戦詔書に御名と御爾《ぎょじ》を願い、閣僚全員が詔書に副署した。副署を終えて三宅坂の陸相官邸に帰った阿南は、「一死以テ大罪ヲ謝シ奉ル」との遺書を残して割腹自決した。

十四日夜半、陸相の自刃を知った兵力行使計画の首謀者らは、戦争継続を目的に近衛第一師団を蹶起させる暴挙に出た。首謀者には東條英機の次女婿の古賀秀正も加わっていた。彼らの手段は、宮城の守備を固めて「君側の奸」（和平派）との連絡を遮断すること、今一つは天皇の終戦詔書吹き込みの録音盤を奪取することであった。深夜、彼らは近衛第一師団司令部に乗り込み、師団長森赳《たけし》中将に面会を求めた。森は断固として要求を拒絶したのでピストルで射殺され、彼等は偽の師団長命令を作製して宮城の守備を第一師団に命じた。ほどなく、森師団長の殺害や兵力行使が一部の策謀であると伝わり、東部軍管区司令官の指揮によって翌十五日午前八時ごろ事態は平静に復した。録音盤の奪取も不成功に終わった。

昭和二十年八月一五日正午、天皇によって終戦詔書の「玉音放送」が行われた。兵力行使の首謀者たちは宮城前広場や師団司令部においてそれぞれ自決した。

この日、鈴木内閣は総辞職して、東久邇宮を新内閣の首班とする大命が下った。

「今回は重臣を集めることなく、平沼枢相と相談の上奉答すべき旨言上して、首班に東久邇宮稔彦《なるひこ》王殿下の御出ましを願い、近衛公をして御助けせしむることに意見一致す」と『木戸日記』は記している。翌十六日、朝香宮、竹田宮、閑院宮が支那総軍、関東軍、朝鮮軍に派遣されて終戦詔書が伝達された。満州事変以来、十六年に及んだ大戦争はようやく終結した。

八月十七日、東久邇宮の皇族内閣が組織された。外務大臣に重光葵《まもる》、国務大臣に近衛、緒方らが入閣し、国体護持を基本に戦後の再建に向かった。

八月二十日、「終戦処理委員会」（戦争最高指導会議を改称）開催の後、少壮軍人による宮城占領の計画が伝わったが、東久邇宮の説得と放送によって未然に防がれた。厚木飛行隊ほか武装解除に従わぬ動きもあったが、米軍最初の進駐は無事に行われた。八月三十日午後、連合国軍最高司令官ダグラス・マッカーサーが同飛行場に降り立った。

九月二日、降服調印式が東京湾内の米戦艦ミズーリ号の艦上で行われ、政府代表重光葵、統帥部代表梅津美治郎らが出席し、午前九時半近くに日米双方の署名を終えた。

九月以来、米軍の日本本土進駐が進み、四国、九州にも米兵の姿が見られるようになった。ある米人記者は、一面焼野原となった都市の破壊と茫然自失した住民の惨澹たる生活に衝撃を受け、「なぜ彼らはこんなことになる前に、もっと早く戦争をやめなかったのか」といぶかり、強い疑問を投げかけたという。

東久邇宮内閣は言論などの自由と民主化のため、治安警察法や特高警察を廃止、知事の公選などを進めた。十月末には天皇の名によって重刑に処せられてきた人々を釈放するため、大赦令を予定した。ところが十月四日、連合国軍総司令部は山崎内務大臣ほか内務省関係、道府県の警察部長、特高関係者合計四千名の免職と政治・思想犯人の釈放を政府に要求してきた。東久邇宮はＧＨＱの指令により、責任を果たし得ないと知り、十月五日に総辞職した。その後、日本の政治は幣原喜重郎、吉田茂内閣へと続き今日に至った。

武人の終焉「花は桜木、人は武士」

戦前・戦中、「花は桜木、人は武士」の言葉が人口に膾炙《かいしゃ》し、花なら桜花の美と散り際《ぎわ》が、人ならば武士の節義と潔さが、戦陣訓とともに人の生き方として喧伝《けんでん》されてきた。当の政府・軍部の指導者たちは敗戦の現実にどう対処したであろうか。

東條英機元首相は世田谷の自宅で終戦の玉音放送を聞いて、近くの鈴木医院を訪ねた。「万一その必要が起こった場合、自分は間違ったところを撃ちたくないのだ」と言って、胸に墨で心臓の位置を記してくれと頼んだ。サイパン島の玉砕が公表されて数日間、東條家には名も告げずに「東條はまだ切腹していないのか」と尋ねる電話があったという。

九月十一日、連合国軍総司令部の逮捕隊が東條邸に来た。逮捕命令が遅れたのは「自殺する時間的余裕」をわざと与えたのだという解釈もある。東條は窓越しに逮捕状を持っているかと尋ねた。持参しているとの答えを聞いて拳銃自殺を図ったが、心臓を外れて未遂に終わった。アメリカ軍の野戦病院（横浜市の大島国民学校に設置）に収容された二日後、「なぜもっと前に自殺しなかったのか」と問われた東條は、「自分は長い間自殺を考え、アメリカ軍の将校が来たときその時が来たと思った」と答えた。「なぜ伝統的方法で自殺しなかったのか」との問いには、「切腹は自殺の伝統的方法であるが、私は失敗することを恐れたのである」と言っている。

陸軍大臣として戦陣訓を下達し、首相として最高の地位と責任をもって日米開戦を決定した東條自身が、「生きて虜囚の辱《はずかしめ》を受けず、死して罪禍の汚名を残すこと勿れ」(「戦陣訓」本訓其の二第八)との教えを守れず、自殺未遂と戦犯の汚名を後世に残すことになろうとは。東京裁判で「当時の総理大臣たりし私の責任である」と答えたことだけが、せめてもの償いと言えようか。

阿南惟幾陸相は終戦詔書に副署した後、割腹自刃を遂げた。第五航空艦隊司令長官宇垣纏《まとめ》は玉音放送の後、大分航空基地から沖縄戦の特攻に殉じた部下の後を追って飛び立った。特攻作戦の創始者といわれる軍令部次長大西瀧治郎は十六日未明、官邸で自刃した。遺書には「吾死を以て旧部下の英霊と其の遺族に謝せんとす」との文言が綴られていた。

参謀総長や陸軍大臣を歴任した杉山元は九月十二日、夫人の勧めによって拳銃で自殺し、自決を勧めた夫人も短刀で胸を突いて自害した。満州事変発生一カ月前に関東軍司令官に着任し、事変後に追認を求められた本庄繁は、戦犯容疑の逮捕命令が出た十一月二十日、退役後の勤め先で自刃した。遺書には「軍の要職に就きながら破局に至らしめた責任を痛感し、罪正に万死に値す……」と記していた。

近衛文麿は戦犯容疑者に指名され、出頭当日の十二月十六日に服毒自殺をした。前夜、近衛は友人や知己を招いて小宴を開き、後藤隆之助と山本有三に究極は陛下の責任になるので裁判を拒否するつもりだと話した。すると後藤は「東條のようなぶざまなことのないようにしてもらいたい」と言った。近衛はだまっていた。山本が書き残しておいてもらいたいと言うと、すでに書いであると答えた。重ねて後藤は言った。「中野正剛はあれだけ日ごろハッキリ物を言っていたのに、最後は淡々たる心境などと言うだけで、ハッキリ言っていない。一つハッキリ書き残してもらいたい」。近衛は黙していた。心中どんな思いが去来していたのであろうか。去る十九年一月、保釈されて訪れた三田村に、「重臣に勇気がなかったばかりに、中野君を殺して申し訳がない」と詫びていたというが……。その後、応接間で訪れた人たちと一緒に雑談していたが、平常と少しも変わらなかったという。翌朝、夫人が寝室に入るとすでに事切れていた。遺書に「僕の志は知る人ぞ知る」と書いて、真実の理解を未来に託した（『近衛日記』）。

敗戦の現実は、戦争指導者をして自ら責任をとって自決する者とそうでない者とに二分した。極東国際軍事裁判ではA級戦犯として二十八名が起訴され、東條英機、松井石根、土肥原賢二、板垣征四郎、木村兵太郎、武藤章の軍人と文官広田弘毅の七人を絞首刑とした。戦争責任について一切を弁解しなかった広田元首相はじめ、他の軍人も立派な態度だったという。とはいえ、戦陣訓を命じ、「花は桜木、人は武士」が喧伝されてきたことを思うと、まことに空しく、釈然としない。

武人・武士たる者、他から責任を問われ、囚われ、裁かれることを恥辱とする。潔く責任を取り自ら裁くことをもって誇りとする。それが「花は桜木、人は武士」の美学であり、哲学である。

思えば、戦争に荷担して潔く自決した武人も、立場上戦争責任を問われて戦犯となり刑死した軍人・政治家も戦争犠牲者である。しかし、戦没者三百十万のほとんどは己の意志や一家の事情の如何にかかわらず、召集令状の赤紙ひとつで戦死した人々である。国のためとはいえ、命じる者と命ぜられる者とで、その責任と苦悩と悲しみは根本的に異なる。命ぜらるまま身命を捧げた兵士、原爆や爆撃で亡くなり罹災した無辜《むこ》の国民こそ真の戦争犠牲者である。

戦争とは、国家目的の美名のもとに、国民を殺戮の手段として非人間化させる犯罪以外の何物でもない。誰が、どんな権利が、どんな政治が、どんな言論が、国家と国民を戦争へ駆り立てていったのか。東京裁判は勝者の責任を含めて、戦争自体の犯罪性や原爆の罪悪、不戦の原理までは解明していない。だが、日本国民として戦争の歴史的教訓――軍部の政治介入と独裁、政治家の堕落と無力、言論の統制・弾圧とマスコミの迎合・追随――だけはしかと肝に銘じ、二度と戦争を繰り返し戦争犠牲者をつくってはならない。

人間の生命・生存の権利は天賦の権利で、軍部はもとより、いかなる権力も、法律も、議会も、御前会議といえども、決してこれを侵してはならない。中野正剛が東條内閣の打倒に命を賭けたのも、この一点に由来する。

中野正剛関連年表

年	年齢	中野正剛	日本	アジア・世界
明治19年（1886）	1歳	2月12日、福岡市西湊町58番地に出生。幼名甚太郎	伊藤博文内閣（18年—） 帝国大学令、学校令（小・中・師範）公布	
明治21年（1888）	3歳	福岡市西町46番地に移転	枢密院設置 黒田清隆内閣	
明治22年（1889）	4歳		大日本帝国憲法公布 大隈外相遭難負傷 山縣有朋内閣	
明治23年（1890）	5歳		第一回総選挙 教育勅語発布	
明治24年（1891）	6歳	西町小学校に入学	松方正義内閣 鉄道開通（東京—青森間） 足尾銅山鉱毒問題	
明治27年（1894）	9歳		第二次伊藤内閣（25年—）	日清戦争（黄海海戦・旅順口占領）

明治28年（1895）	10歳	福岡県尋常師範学校付属高等小学校高等科に入学	遼東半島返還	下関条約調印 三国干渉
明治29年（1896）	11歳	高等科二年に進級	第二次松方内閣	韓国でクーデター（親日派政権打倒）
明治30年（1897）	12歳	高等科三年に進級、学級担任柴田文城	金本位制実施	
明治31年（1898）	13歳	高等科四年に進級	第三次伊藤内閣 大隈重信内閣 第二次山縣内閣	台湾総督府設置 日韓条約（京釜鉄道敷設） ロシア・旅順大連租借
明治32年（1899）	14歳	福岡県中学修猷館に入学 柔道練習中に左脚負傷、休学	条約改正（治外法権撤廃）	
明治33年（1900）	15歳	一学年に復学	立憲政友会結成（総裁伊藤） 第四次伊藤内閣	北清事変（義和団鎮圧）
明治34年（1901）	16歳	二学年に進級	桂太郎内閣 八幡製鉄所作業開始	
明治35年（1902）	17歳	三学年に進級 振武館建設 「学友会雑誌」に「菊池寂阿公」発表		日英同盟 シベリア鉄道完成

明治36年（1903）	18歳	四学年に進級、正剛と改名 「修養論」「西郷南洲先生の片影」発表、玄南会組織		ロシア、満州撤兵不履行
明治37年（1904）	19歳	五学年に進級 「南柯の一夢」		日露戦争（旅順総攻撃）
明治38年（1905）	20歳	「征露戦争に於て得たる偉大なる教訓と好時機」発表 中学修猷館卒業 早稲田大学高等予科入学 「早稲田の里より」「西欧一九世紀の支配者」発表	日比谷焼き打ち事件	日本海海戦 ポーツマス条約調印 関東総督府設置 韓国統監府設置（統監伊藤博文）
明治39年（1906）	21歳	早大政治経済学科に進む 「人材論」発表	西園寺公望内閣	関東総督府を都督府に 南満州鉄道会社設立
明治40年（1907）	22歳	二学年に進級 「帰郷雑記」「活動進取の快」「殉難の精神」「西郷南洲手抄言志録を読む」発表	義務教育六年制	朝鮮で反日反乱
明治41年（1908）	23歳	三学年に進級 丁鑑修と満州旅行 「咳唾瓦礫」発表	第二次桂太郎内閣	

明治42年（1909）	24歳	柔道大会で徳三宝に勝つ 一家上京（牛込喜久井町） 「日本及び日本人」に論文寄稿 早稲田大学卒業 日報社に入社、「東北遊覧記」連載 東京朝日新聞に入社	伊藤博文暗殺	
明治43年（1910）	25歳		大逆事件	韓国併合、朝鮮総督府設置（総督寺内正毅）
明治44年（1911）	26歳	「朝野の政治家」連載。大阪通信部に移る 『八面峰』出版 辛亥革命行（頭山一行と） 「対岸の火災」連載	関税自主権回復 第二次西園寺内閣	辛亥革命
明治45年（1912）	27歳	「明治民権史論」連載	明治天皇崩御 第三次桂内閣	孫文中華民国臨時大総統、 袁世凱臨時大総統
大正2年（1913）	28歳	「与うる書」連載 『明治民権史論』『七擒八縦』出版	大正政変 山本権兵衛内閣 中華民国を承認	袁世凱正式大総統 孫文・黄興ら日本に亡命

大正3年（1914）	29歳	三宅多美子と結婚 京城特派員、満州視察 「総督政治論」連載 長男克明出生	第二次大隈内閣	第一次世界大戦
大正4年（1915）	30歳	イギリス留学 「亡国の山河」『我が観たる満鮮』出版	対華二十一箇条要求	
大正5年（1916）	31歳	欧州歴訪、アメリカ経由で帰国 岡崎邦輔の持家に転宅 朝日新聞退社、東方時論主筆	寺内正毅内閣 憲政会結成（総裁加藤）	
大正6年（1917）	32歳	衆議院議員に立候補落選 『世界政策と極東政策』出版	臨時外交調査会	ロシア革命（ソビエト政権樹立）
大正7年（1918）	33歳	次男雄志出生 中国視察 「大塩中斎を憶う」発表 東方時論社社長に就任 講和会議使節団に随行	シベリア出兵宣言 米騒動 原敬内閣	第一次世界大戦終わる
大正8年（1919）	34歳	講和会議真相報告演説 『講和会議を目撃して』出版		ヴェルサイユ条約調印 三・一万歳事件（朝鮮）

大正9年（1920）	35歳	第14回総選挙初当選、尼港問題提案演説 満鮮視察 三男達彦出生	第14回総選挙（政友、憲政、国民） 普選同盟（尾崎・犬養らと）	五・四反日運動（中国） 国際連盟成立 尼港事件 間島事件（朝鮮）
大正10年（1921）	36歳	対露不干渉政策提案演説、朝鮮統治調査委員会設置提案演説 猶興居開設 『現実を直視して』『満鮮の鏡に映して』出版	原敬首相暗殺 高橋是清内閣	ワシントン会議
大正11年（1922）	37歳	総括質問演説、ワシントン条約提案演説 四男泰雄出生	加藤友三郎内閣 シベリア派遣軍撤退声明 革新倶楽部結成（尾崎・犬養らと）	ソビエト連邦成立 張作霖東3省の独立宣言
大正12年（1923）	38歳	総括質問演説、ソビエト承認提案演説 関東大震災、東方持論社焼失 『我観』創刊	関東大震災 第二次山本権兵衛内閣 甘粕事件 虎ノ門事件	排日運動激化（中国） 孫文、広東政府を樹立
大正13年（1924）	39歳	第15回総選挙当選、憲政会入党	清浦奎吾内閣 護憲運動	孫文三民主義演説

大正14年（1925）	40歳	治安維持法案に反対 シベリア・満州・華北視察	加藤高明（三派）内閣 治安維持法・普通選挙法可決 第二次加藤内閣	日ソ基本条約（国交回復） 広東国民政府成立
大正15年（1926）	41歳	陸軍機密費問題を摘発 『中野正剛対露支論策集』出版 左脚手術失敗、隻脚となる	若槻礼次郎内閣 大正天皇崩御	蔣介石国民革命軍総司令、北伐開始
昭和2年（1927）	42歳	若槻内閣大蔵参与官に就任 総辞職で参与官辞任 枢密院弾劾提案演説 立憲民政党創立、遊説部長に	金融恐慌 田中義一内閣 山東出兵 民政党結成	南京国民政府成立
昭和3年（1928）	43歳	九州日報社長に就任 第16回普通選挙に最高点当選 父死亡 『田中外交の惨敗』出版	三・一五事件 治安維持法改正 第二次・第三次山東出兵	済南事件 張作霖爆死 蔣介石、国民政府主席に
昭和4年（1929）	44歳	予算委員会で田中首相と一問一答（満州某重大事件） 濱口内閣逓信政務次官に就任 『国民に訴う』出版	中国国民政府を承認 濱口雄幸内閣	世界大恐慌

昭和5年（1930）	45歳	第17回総選挙当選、政務次官辞任 『国家統制の経済的進出』出版	濱口首相狙撃され重傷、幣原外相首相代理	ロンドン海軍軍縮条約調印
昭和6年（1931）	46歳	左脚再手術 長男克明、穂高岳で遭難死 『沈滞日本の更生』出版 協力内閣失敗、民政党脱党	三月事件 第二次若槻内閣 十月事件 犬養毅内閣	満州事変
昭和7年（1932）	47歳	渋谷区代々木本町に新居 『転換日本の動向』出版 第18回総選挙最高点当選 満州国視察	血盟団事件 五・一五事件 齋藤実内閣	満州国建国宣言 日満議定書調印
昭和8年（1933）	48歳	逓友同志会統令 『国家改造計画綱領』出版	国際連盟脱退	国際連盟、満州撤退勧告案採択
昭和9年（1934）	49歳	齊藤内閣施政質問演説 妻多美子死亡 岡田内閣施政質問演説 『帝国の非常時断じて解消せず』出版	岡田啓介内閣 陸軍パンフレット配布 士官学校事件	満州国帝政実施
昭和10年（1935）	50歳	次男雄志急死 国民同盟を脱退	「天皇機関説」問題 陸軍・統制皇道両派対立	中国共産党抗日救国宣言（八・一宣言）

昭和11年（1936）	51歳	東方会中国視察団訪中 『日本国民に檄す』出版 蒋介石と会見 第19回総選挙最高点当選 『我観』を『東大陸』と改題 東方会を政治結社へ 満州・華北視察 『支那をどうする』出版	激化 相沢事件 二・二六事件 広田弘毅内閣	綏遠事件 日独防共協定調印 西安事件
昭和12年（1937）	52歳	第20回総選挙、東方会11名当選 東方会全体会議 独伊訪問 ムッソリーニと会見 『日本は支那を如何する』出版	林銑十郎内閣 近衛文麿内閣	盧溝橋事件（日華事変・日中戦争） 日独伊三国防共協定
昭和13年（1938）	53歳	ヒトラーと会見 帰国報告演説会・講演 東方会全体会議 『魂を吐く』『真直ぐに行け』出版	国家総動員法 内閣改造 近衛三原則声明	ドイツ、オーストリアを併合 張鼓峰事件 国民政府重慶遷都
昭和14年（1939）	54歳	社会大衆党との合同失敗 中国視察	平沼騏一郎内閣 米穀配給統制法公布	ノモンハン事件 独ソ不可侵条約

		議員辞任	阿部信行内閣	第二次世界大戦
昭和15年（1940）	55歳	東方会全国大会 東方会第二回大会 振東社創立、道場振東塾落成 東方会政治結社解消 『日独伊三国同盟と日本の動向』出版	米内光政内閣 第二次近衛内閣 全政党解党 北部仏印進駐 大政翼賛会発足	日独伊三国同盟調印
昭和16年（1941）	56歳	遊説先広島で刺客による遭難 大政翼賛会脱会 興亜馬事大会出場 難局突破国民大会 『新らしい政治の方向』『新体制実践綱領』出版	日米交渉 第三次近衛内閣 南部仏印進駐 東條英機内閣	日ソ中立条約調印 ドイツ、対ソ攻撃 対日石油輸出全面禁止 大西洋憲章 太平洋戦争勃発
昭和17年（1942）	57歳	第21回総選挙・非推薦で最高点当選 翼賛政治会入会 講演「天下一人を以て興る」 『戦争に勝つ政治』『世界維新の嵐に立つ』出版	翼賛政治体制協議会 翼賛政治会	ミッドウェー海戦 ガダルカナル攻防戦 ソ連スターリングラード市街戦
昭和18年（1943）	58歳	「戦時宰相論」を発表、発禁 戦時刑事特別法改正案反対	東方会他団体一斉検挙 中野釈放後憲兵隊に連行	ガダルカナル島撤退 独軍スターリングラード

年	年齢	中野正剛関連事項	国内事項	世界事項
		東條内閣打倒重臣工作、失敗 東方会一斉検挙 10月27日午前0時自刃 『太閤秀吉』出版		撤退 アッツ島守備隊全滅
昭和19年（1944）			東條内閣総辞職 小磯国昭内閣	サイパン島日本軍全滅 米軍レイテ島上陸
昭和20年（1945）			鈴木貫太郎内閣 広島・長崎に原爆投下 ポツダム宣言受諾 天皇「終戦」詔勅放送 東久邇宮稔彦内閣 東條ら戦犯容疑者逮捕 治安維持法廃止 東久邇宮内閣総辞職	硫黄島日本軍全滅 米軍沖縄島上陸 ドイツ無条件降服

主な参考文献

同窓会雑誌部「学友会雑誌（一・二巻）」修猷館、一九〇五－〇九年

中野正剛『八面鋒――朝野の政治家』博文館、一九一一年

中野正剛『七擒八縦』東亜堂書房、一九一三年

中野正剛『我が観たる満鮮』政教社、一九一五年

中野正剛『世界政策と極東政策』至誠堂、一九一七年

中野正剛『講話会議を目撃して』東方時論社、一九一九年

「東方時論」東方時論社、一九二〇年

中野正剛『満鮮の鏡に映して』東方時論社、一九二一年

中野正剛『国民に訴ふ――中野正剛大演説集』平凡社、一九二九年

徳富健次郎『蘆花全集』第十一巻、蘆花全集刊行会、一九二九年

中野正剛著『沈滞日本の更生』千倉書房、一九三一年

中野正剛『転換日本の動向』千倉書房、一九三二年

朝風社編輯局編『中野正剛氏大演説集』潮風社、一九三六年

中野正剛著講述・大阪毎日新聞社編『帝国の非常時断じて解消せず』大阪毎日新聞社、一九三四年

徳富猪一郎『蘇峰自伝』中央公論社、一九三五年

中野正剛『日本は支那を如何する』育生社、一九三七年

中野正剛『東方会は斯く進む――中野正剛君議会演説』東大陸社、一九三七年

中野正剛『真直ぐに行け』育生社、一九三八年

中野正剛『日独伊三国同盟と日本の動向』振東社、一九四〇年

中野正剛『魂を吐く』金星堂、一九三八年

中野正剛『ルーズヴェルト、チャーチルに答えへ日本国民に告ぐ』東方会宣伝部、一九四一年
中野正剛『新らしい政治の方向』東大陸社出版部、一九四一年
中野正剛『難局突破の指標――新體制實踐綱領』新東學社、一九四一年
中野正剛『世界維新の嵐に立つ』鶴書房、一九四二年
中野正剛『戦争に勝つ政治』東方会、一九四二年
中野正剛『此ノ一戦――国民は如何に戦うべきか!』東方会、一九四二年
中野正剛『太閤秀吉(日本外史講義)』東方同志会出版局、一九四三年
聯合国最高司令部民間情報教育局編『真相箱――太平洋戦争の政治・外交・陸海空戦の真相』コズモ出版社、一九四六年
森正蔵『旋風二十年――解禁昭和裏面史』鱒書房、一九四七年
三田村武夫『中野正剛は何故自刃したか!』武蔵野出版社、一九五〇年
緒方竹虎『人間中野正剛』鱒書房、一九五二年
『桜内幸雄自伝――蒼天一夕談』蒼天会、一九五二年
山口重次『石原莞爾――悲劇の将軍』世界社、一九五二年
坂本太郎『日本史概説』下巻、至文堂、一九五三年
丸山眞男『現代政治の思想と行動』上・下巻、未来社、一九五七年
中野泰雄『父・中野正剛伝』新光閣書店、一九五八年
遠山茂樹他『昭和史』岩波新書、一九五九年
岡田章雄他編『日本の歴史』第十二巻、読売新聞社、一九六〇年
大久保利謙編『日本人物史大系(近代2)』第6巻、朝倉書店、一九六〇年
ロバート・J・Cビュートー著・木下秀夫等訳『東条英機』上・下巻、時事通信社、一九六一年
筑摩書房編集部編『世界の歴史』第16、筑摩書房、一九六二年
角田順監修『現代史資料』第6、7、15、16、み

すず書房、一九六三－六六年
猪俣敬太郎『中野正剛の生涯』黎明書房、一九六四年
木戸幸一著・木戸日記研究会校訂『木戸幸一日記』上・下巻、東京大学出版会、一九六六年
大谷敬二郎『昭和憲兵史』みすず書房、一九六六年
尾崎士郎『尾崎士郎全集』第十一巻、講談社、一九六六年
藤島正之『灯火を掲げた人々――教育者の伝記』教育春秋社、一九六六年
歴史学研究会編『日本史年表』岩波書店、一九六六年
東久邇稔彦『東久邇日記――日本激動期の秘録』徳間書店、一九六八年
共同通信社「近衛日記」編集委員会編『近衛日記』共同通信社開発局、一九六八年
東京12チャンネル報道部編『証言私の昭和史』第1～6、学芸書林、一九六九年
中野泰雄『政治家中野正剛』上・下巻、新光閣書店、一九七一年
猪俣敬太郎『中野正剛』吉川弘文館、一九六六年
永井荷風『荷風全集』二十一巻、岩波書店、一九七二年
歴史学研究会編『太平洋戦争史』1～6、青木書店、一九七一－七三年
若槻礼次郎『古風庵回顧録』読売新聞社、一九七五年
岡田啓介述・岡田貞寛編『岡田啓介回顧録』毎日新聞社、一九七七年
楳本捨三『東條英機・その昭和史』秀英書房、一九七九年
小島直記『松永安左エ門の生涯』「松永安左エ門伝」刊行会、一九八〇年
風見章『近衛内閣』中央公論社、一九八二年
久田栄正『帝国憲法史』法律文化社、一九八三年
『天命に安んず――進藤一馬・その人とあゆみ』天命に安んず出版委員会、一九八四年
田中正明編『松井石根大将の陣中日誌』芙蓉書房、一九八五年
日下藤吾『獅子の道中野正剛』叢文社、一九八六年

江頭光『雲峰閑話――進藤一馬聞書』西日本新聞社、一九八七年
中野泰雄『アジア主義者中野正剛』亜紀書房、一九八八年
亀井宏『昭和の天皇と東条英機』光人社、一九八八年
井上光貞他編『日本歴史大系5（近代2）』山川出版社、一九八九年
参謀本部編『敗戦の記録』原書房、一九八九年
市古宙三『世界の歴史20』河出文庫、一九九〇年
リヒヤルト・ゾルゲ著・外務省編『ゾルゲの獄中手記』山手書房新社、一九九〇年
山室信一『キメラ――満州国の肖像』中央公論社中公新書、一九九三年
中野正剛『明治民権史論（復刻版）』葦書房、一九九四年
中野泰雄『父・中野正剛――その時代と思想』恒文社、一九九四年
朝尾直弘他編『岩波講座日本通史第18巻（近代3）』岩波書店、一九九四年
粟屋憲太郎『昭和の歴史6（昭和の政党）』小学館、一九九四年
朝比奈正幸他『高等学校最新日本史』図書刊行会、一九九四年
藤本治毅『石原莞爾』時事通信社、一九九五年
平田真一郎『政治家原敬の戦略』原書房、一九九五年
渡辺行男『中野正剛自決の謎』葦書房、一九九六年
秋永芳郎『満州国――虚構の国の彷徨』光人社、一九九七年
今岡豊『石原莞爾の悲劇』芙蓉書房出版、一九九九年
瀬島龍三『大東亜戦争の実相』PHP文庫、二〇〇〇年
エドウィン・O・ライシャワー著・國弘正雄訳『ライシャワーの日本史』講談社学術文庫、二〇〇一年
「昭和の戦争記念館」刊行会編『世界に開かれた昭和の戦争記念館』第1巻、展転社、二〇〇一年
吉田松陰著・松本三之介他訳『講孟余話ほか』中

央公論新社、二〇〇二年
清瀬一郎『秘録東京裁判』中公文庫、二〇〇二年
井川聡・小林寛『人ありて――頭山満と玄洋社』海鳥社、二〇〇三年
鳩山一郎・薫著、伊藤隆・季武嘉也編『鳩山一郎・薫日記』下巻、中央公論新社、二〇〇五年
官報号外
衆議院議事速記録
大正九年（第七号）、同十年（第八、一一、一二、一九号）、同十一年（第六、一四、二三号）、同十二年（第五、八、三五号）、同十五年（第二四号）、昭和二年（第四、二八号）、同五年（第八、一一号）、同七年（第三号）、同九年（第四、五号）、十二年（二、八号）
衆議院予算委員会議録（速記）
大正十二年（第五、六回）、同十五年（第三回）、昭和二年（第二回）、同三年（第六回）、同四年（第二、三回）
衆議院委員会議録（速記）
大正十四年（第五、一一回）、同十五年（第九回）、昭和五年（第一回）

あとがき

中野正剛について特に関心を深めたのは、絶筆の色紙（「登観鶏楼」の詩句）を玄洋社記念館で求め、中野正剛と柴田先生との出会いについて一文を草してからのことである。その後調べれば調べるほど、昨今の政・官・業界における指導者の不甲斐なさが重なり、中野正剛の生き方を何とかして若い人に語り継がねばとの一念が高じ執筆の動機となった。

中野正剛の生存年代は、日清・日露の戦役から第一次世界大戦、満州事変、日中戦争、太平洋戦争へと続く半世紀で、人間としての生き方が試される苦難の時代であった。そんな中、腕白ゆえ人より一年早く就学させられた中野正剛は、どのような人間を目指して文武両道の研鑽・修養に努めたのであろうか。

早稲田時代、自炊生活を共にした緒方竹虎は「徹底した勉強」ぶりに驚嘆した。同窓の風見章は、書を読み六分の侠気四分の熱というが「三拍子揃ったのが中野君」で、すべて一〇〇％の精力を傾ける人間だったと評している。向上心は文武の知識・技能の修得・錬磨に留まらず、「人たるの所以」の究明に突き進んだ。西郷を学べば廉潔・至誠の英雄豪傑を目指し、孟子や王陽明、大塩、松陰を学べばその思想・信条と憂国・殉難の精神を自己の魂に同化し、「武士道は実に吾人の真髄にあらずして何ぞや」と自負し得る生き方に結実させ、自己思想のバックボーンとした。

こうして中野正剛が激動する時代に見極め見定めた目的は何であったか。「自らの屍を溝や谷に曝してもかまわぬ」覚悟で難に当たり、「勇往邁進以て同胞を利し、人類を益」し、「百折不撓、汗血を流して苦闘し躍進する活動進取」の「大活動大飛躍」であった。その大活動が迫真白熱の言論や演説となり、勇気ある行動となって万人に感動を呼び、魂を揺さぶり、万人を魅了し一世を風靡した。

反面、家庭的には非常に不幸であった。長男を北アルプスで失い、妻には先立たれ、次男は急逝、自身も左脚を切断して義足に頼らねばならなくなった。それでも大活動の信念は曲げず挫けず、識者、重臣さえも権力に屈して沈黙・逃避する中、敢然と東條政権の打倒に立ち上り、割腹自刃を以て劇的に一生を断った。「千万人といえども吾往かん」の勇猛進と、彼岸にまで託した憂国の至情は、政治家、公務員はもとより「人たるの所以」を求めて生きる人々へ銘すべき道標となろう。

とはいえ、光あれば陰も生じ、全体主義、日本のヒトラー、あるいは敗戦主義者などと批判する人もいた。それは片言隻句にとらわれ、民族協和のアジア主義や人道主義、国民主義の基本理念と、胸中に燃える人間愛や憂国の真理・真情を見知らぬ偏見・曲解といえる。

「才（才能）の美」と称される傑出した中野正剛のロゴスとパトス、その人間的魅力をいかに伝えるか、まことに至難の業である。しかも彼の膨大な著作や関係雑誌は図書館の蔵書に頼らねばならず、執筆は思うように進まない。挫けそうになる気持ちを奮い立たせたのは他ならぬ中野正剛その人であった。論文や演説文に漲る情熱と不屈の精神に魅せられ、鼓舞されながら脱稿することができた。

執筆には主として中野正剛の著書と、中野泰雄の『父中野正剛伝』、『政治家中野正剛』（上・下）ほか氏の文献に記載された雑誌「東方時論」、「我観」などを参考にした。及び刎頸の友緒方竹虎の『人間中野正剛』、東方会本部職員の猪俣敬太郎の『中野正剛の生涯』、腹心三田村武夫の『中野正剛は何故自刃したか！』を主要参考文献とし、演説は『国民に訴ふ――中野正剛大演説集』と『中野正剛氏大演説集』、その他衆議院議事速記録ほか関係の図書を参考にした。

執筆上の留意点の第一は、中野正剛の著書の原文引用である。国名や人称は歴史性の観点からそのまま用い、仮名遣いと漢字は必要によって改め、できるだけ意訳、要約して読みやすいようにした。唐宋八家文に比肩される原文の格調を十分伝え得ないのが残念である。姓名の表記は親しみを込めて正剛の名で通した。

第二は、中野正剛の活躍の年代と歴史との関連性である。歴代内閣と政治の推移、軍部の政治介入と、戦争の防止、政党や政治家の腐敗堕落にどんな考えを持ち、どう闘ったか、時々の思想や主張を通して政治への理解と時代の流れが把握できるよう配慮した。

第三は、中野正剛の思想と見識、不撓不屈・勇往邁進の気概、その根底をなす理気一元の武士道的中野魂＝大活動大飛躍＝の形成過程である。正師との出会いや、文武両道の研鑽・修養によって気骨ある人間性と生き方の根幹を形成したと思える中・大学時代の論文を通して、若い人への参考と人間形成への着眼を配慮した。

中野正剛は太平洋戦争真っ只中の昭和十八年、五十八歳（数え年）を一期としたが、生涯を貫く闘魂の源流は人間愛と「戦わずして勝つ」不戦の信念である。昭和も遠くなり、戦争の悲劇さえも日々薄れようとしている今日、人は歴史から何を学ぶべきか。第四は、この点を重視して戦争の歴史と歴史的教訓が考察できるよう配慮した。なお、本文中の敬称は略させていただいた。

本書の上梓には、昨年四月に他界された中野泰雄氏とその御息女Mari Heazlewoodさんに多大のご支援とお写真の便宜をいただき、故進藤一馬家と玄洋社記念館からは写真転載の御許可をいただきました。深甚の謝意を表します。また、海鳥社編集部の杉本雅子さんには一方ならぬ御協力をいただきました。厚くお礼を申し上げます。

二〇一〇年一月

濱地政右衛門

濱地政右衛門（はまち・まさえもん）
1928年福岡県生まれ。甲飛予科練・特攻隊，福岡第一師範，玉川大卒。福岡市内公立中・福教大付属福岡中教諭，福岡県教育センター研究主事，同県教委指導主事，福岡市立原北中校長，同市教委主席指導主事・指導課長・教育センター所長。退職後福岡市歴史資料館長，第一薬科大学講師，福岡大学・香蘭女子短大非常勤講師。大書中学教科書，学研副読本県版，第一法規『学校運営トラブル処理事例解説集』等共同執筆，東洋館『子どもの学校観』監修。ほか明治図書，第一法規，大日本図書の数種教育雑誌に論文発表，日本教育新聞に随筆連載。福岡市在住。

憂国《ゆうこく》の士《し》・中野正剛《なかのせいごう》

■

2010年2月15日　第1刷発行

■

著　者　濱地政右衛門
発行者　西　俊明
発行所　有限会社海鳥社
〒810-0072　福岡市中央区長浜3丁目1番16号
電話092(771)0132　FAX092(771)2546
印刷・製本　大村印刷株式会社
ISBN 978-4-87415-756-5
http://www.kaichosha-f.co.jp
［定価は表紙カバーに表示］